"모든 언어는 평등하다"

지구상의 모든 언어는 인류공동체 문명 발전의 발자취입니다.
힘이 센 나라의 언어라 해서 더 좋거나 더 중요한 언어가 아닌 것처럼,
많은 사람들이 쓰지 않는 언어라 해서 덜 좋거나 덜 중요한 언어는 아닙니다.

문화 다양성에 따른 언어 다양성은 인류가 서로 견제하고
긍정적인 자극을 주고받으며 소통, 발전할 수 있는 계기가 됩니다.
그러나 안타깝게도 현재 일부 언어가 '국제어'라는 이름 아래
전 세계 사람들에게 강요되고 있습니다.

문예림의 꿈은 전 세계 모든 언어를 학습할 수 있는 어학 콘텐츠를 개발하는 것입니다.
어떠한 언어에도 우위를 주지 않고, 다양한 언어의 고유 가치를 지켜나가겠습니다.
누구나 배우고 싶은 언어를 자유롭게 선택해서 배울 수 있도록 더욱 정진하겠습니다.

비즈니스
러시아어

Русский язык
для бизнесменов

비즈니스 러시아어

초판 2쇄 인쇄 2022년 11월 11일
초판 2쇄 발행 2022년 11월 18일

지은이 허승철 외 3인
펴낸이 서덕일
펴낸곳 도서출판 문예림

출판등록 1962.7.12 (제406-1962-1호)
주소 경기도 파주시 회동길 366 3층 (10881)
전화 (02)499-1281~2 **팩스** (02)499-1283
대표전자우편 info@moonyelim.com **통합홈페이지** www.moonyelim.com
카카오톡 "도서출판 문예림" 검색 후 추가

디지털노마드의 시대, 문예림은 Remote work(원격근무)를 시행하고 있습니다.
우리는 세계 곳곳에 있는 집필진과 원하는 장소와 시간에 자유롭게 일합니다.
문의 사항은 카카오톡 또는 이메일로 말씀해주시면 답변드리겠습니다.

ISBN 978-89-7482-878-3 (13790)

잘못된 책이나 파본은 교환해 드립니다.
본 책은 저작권법에 의해 보호를 받는 저작물이므로 무단 전재와 복제를 금합니다.

개정판

비즈니스 러시아어

 외 지음

일러두기

1. **[남]** 남성 명사　　　　　**[복]** 복수
   [여] 여성 명사　　　　　**[완]** 동사 완료체
   [중] 중성 명사　　　　　**[불완]** 동사 불완료체

2. 고유명사의 표기는 소리나는 대로 적는 것을 원칙으로 하였으나, 언론매체에 자주 등장하는 명칭은 교육부 편수자료의 「외래어 표기 용례 (인명·지명)」에 따랐다.

머리말

《비즈니스 러시아어》는 러시아 관련 실무 분야에서 활동하는 분들과 대학에서 러시아어를 배우는 학생들이 활용도 높은 실용적인 표현을 익힐 수 있도록 구성되어 있다. 기초 문법을 공부한 사람이면 누구나 쉽게 볼 수 있는 수준으로 꾸몄고, 개인적인 교류에 필요한 내용에 더해 특히 업무 현장에서 쓸 수 있는 내용을 많이 담으려고 노력했다.

이 책은 이전에 진명출판사에서 출간한 《비즈니스 러시아어》의 개정판이다. 이번에 새로 편집하는 데 큰 수고를 해준 노희승, 윤수민, 오남정, 이희화, 김슬기, 정재은, 알리나 토팔로바, 아나스타시아 보리센코 양에게 감사의 뜻을 전하고, 이 책의 활용성을 평가하여 출판을 맡아주신 문예림 서덕일 대표님께 깊이 감사 드린다.

2017년 2월
허승철

차 례

- 머리말
- 러시아어 알파벳

010_ **УРОК 01** Приветствие 인사
017_ **УРОК 02** Визит 방문
024_ **УРОК 03** Телефонный разговор I 전화 통화 I
031_ **УРОК 04** Телефонный разговор II 전화 통화 II
040_ **УРОК 05** Оформление визы 비자 신청
045_ **УРОК 06** Деловая поездка в Россию 러시아 출장
051_ **УРОК 07** Паспортный контроль 입국심사
056_ **УРОК 08** Гостиница 호텔
063_ **УРОК 09** Приватизация гостиницы 호텔의 민영화
068_ **УРОК 10** Коммерческое письмо 비즈니스 편지
076_ **УРОК 11** Посещение завода 공장 방문
083_ **УРОК 12** Переговоры I 비즈니스 상담 I
092_ **УРОК 13** Переговоры II 비즈니스 상담 II
101_ **УРОК 14** Переговоры III 비즈니스 상담 III
111_ **УРОК 15** Переговоры IV 비즈니스 상담 IV
119_ **УРОК 16** Совместное предприятие 합영기업
129_ **УРОК 17** Выставка 상품전시회
137_ **УРОК 18** В аэропорту «Домодедово» 도모데도보공항
144_ **УРОК 19** Ресторан 레스토랑
153_ **УРОК 20** Магазины Москвы 모스크바의 상점

부록 I

162_ **01** 요일·월·수사
165_ **02** 국명·수도·사람
166_ **03** 직위·학위와 학위과정
168_ **04** 국제기구명
170_ **05** 지명
175_ **06** 계량단위
176_ **07** 약어·약기호
178_ **08** 러시아의 남·녀 이름
182_ **09** 화학원소기호
184_ **10** 컴퓨터 용어
186_ **11** 비즈니스 용어

부록 II

202_ **01** 해석
220_ **02** 해답

러시아어 알파벳

활자체		필기체		명칭	발음
А	а	$\mathscr{A}$	a	а	[a]
Б	б	$\mathscr{B}$	$\tilde{o}$	бе	[b]
В	в	$\mathscr{B}$	$в$	ве	[v]
Г	г	$\mathscr{T}$	$г$	ге	[g]
Д	д	$\mathscr{D}$	$д$	дэ	[d]
Е	е	$\mathscr{E}$	$е$	е	[e]
Ё	ё	$\mathscr{Ë}$	$ё$	ё	[jo]
Ж	ж	$\mathscr{Ж}$	$ж$	жэ	[ʒ]
З	з	$\mathscr{Z}$	$з$	зэ	[z]
И	и	$\mathscr{U}$	$и$	и	[i]
Й	й	$\mathscr{Ŭ}$	$й$	и краткое	[j]
К	к	$\mathscr{K}$	$к$	ка	[k]
Л	л	$\mathscr{L}$	$л$	эль	[l]
М	м	$\mathscr{M}$	$м$	эм	[m]
Н	н	$\mathscr{H}$	$н$	эн	[n]
О	о	$\mathscr{O}$	$о$	о	[o]
П	п	$\mathscr{T}$	$п$	пе	[p]

활자체		필기체		명칭	발음
Р	р	*Р*	*р*	эр	[r]
С	с	*С*	*с*	эс	[s]
Т	т	*Т*	*т*	тэ	[t]
У	у	*У*	*у*	у	[u]
Ф	ф	*Ф*	*ф*	эф	[f]
Х	х	*Х*	*х*	ха	[x]
Ц	ц	*Ц*	*ц*	цэ	[ts]
Ч	ч	*Ч*	*ч*	че	[tʃ']
Ш	ш	*Ш*	*ш*	ша	[ʃ]
Щ	щ	*Щ*	*щ*	ща	[ʃ'tʃ']
Ъ	ъ	*Ъ*	*ъ*	твёрдый знак	
Ы	ы	*Ы*	*ы*	ы	[ɨ]
Ь	ь	*Ь*	*ь*	мякий знак	
Э	э	*Э*	*э*	э [оборотное]	[e]
Ю	ю	*Ю*	*ю*	ю	[ju]
Я	я	*Я*	*я*	я	[ja]

УРОК 01

Приветствие

인사

A

- Доброе у́тро!
- Здра́вствуйте!
- Рад вас ви́деть.
- Я то́же.
- Как дела́?
- Спаси́бо, хорошо́!
- До свида́ния!
- До ско́рой встре́чи!

Б

- Са́ша, приве́т!
- Приве́т!
- Как де́ла?
- Спаси́бо, непло́хо.
- А ты как?
- Спаси́бо, то́же норма́льно.
- Пока́!
- Пока́!

단어와 어구

До́брое у́тро 안녕하세요 (아침 인사)
　До́брый день (낮 동안의 인사) **До́брый ве́чер** (저녁 인사)
Здра́вствуйте 안녕하세요
рад 기쁜, 즐거운
ви́деть (ви́жу, ви́дишь) [불완] **уви́деть** [완] 보다, 만나다
то́же 역시
де́ло [중] 일, 용무 - де́ла는 복수주격형
спаси́бо 감사하다
　Большо́е спаси́бо 대단히 고맙습니다

свида́ние [중] 만남
　До свида́ния 안녕히 계십시오
　До ско́рого свида́ния 곧 만나뵙겠습니다
ско́рый 빠른, 조속한
встре́ча [여] 만남
Са́ша Алекса́ндр(남자 이름) 또는 Алекса́ндра(여자 이름)의 애칭
приве́т 인사, 안부
непло́хо 좋은, 만족스런
норма́льно 좋은, 정상적인
пока́ 안녕 (친근한 사이의 작별 인사)

1 격식과 비격식

본문에서 <А>는 어느 정도 격식을 갖춘 인사말이고, <Б>는 친근한 사이의 대화이다. <Б>의 привет, пока 등은 친한 사이에만 쓸 수 있는 인사임을 유의한다.

2 인사법

러시아어에서 자주 쓰이는 인사말과 각 인사말은 다음과 같다.

① 만날 때

• Здра́вствуйте!	안녕하십니까!
• Как вы поживаете?	어떻게 지내십니까?
• Как у вас дела́?	당신의 사업(일)은 어떻습니까?
• До́брое у́тро.	좋은 아침입니다.
• До́брый день.	좋은 날입니다.
• До́брый ве́чер.	좋은 저녁입니다.
• Рад вас ви́деть!	당신을 만나서 반갑습니다!
• Очень прия́тно вас ви́деть!	당신을 만나서 매우 반갑습니다!

② 헤어질 때

• До свида́ния. 　До встре́чи.	다시 만날 때까지.
• Всего́ хоро́шего. 　Всего́ до́брого.	잘 지내십시오.
• Проща́йте.	안녕히 계십시오.
• Счастли́во.	행복하십시오.
• Ско́ро уви́димся.	곧 만납시다.
• До за́втра.	내일 만납시다.
• Уви́димся за́втра.	
• Споко́йной но́чи.	평안한 밤 보내십시오.
• Счастли́вого пути́!	즐거운 여행 되시기를!

* Здра́вствуй, проща́й는 친한 사이에 쓸 수 있다.

③ 환영하는 표현

• Добро́ пожа́ловать в на́шу фи́рму.	우리 회사에 오신 것을 환영합니다.
• Мы приве́тствуем вас.	(우리는 당신을) 환영합니다.
• С прие́здом!	어서 오십시오!

독해 연습

Это Москва́. Это наш го́род. Вот центр. Здесь парк. А там шко́ла и апте́ка. Вот заво́д. Здесь рабо́тают мои́ друзья́.

А вот на́ша у́лица. Здесь нахо́дится магази́н «О́бувь» и магази́н «Проду́кты». Это на́ши магази́ны. А здесь нахо́дится магази́н «Кни́ги». А вот магази́н «Оде́жда». Здесь есть руба́шки, костю́мы, ша́пки, шарфы́.

Вот ста́нция метро́ «Арва́т». А вот на́ша би́ржа «Москва́».

Я рабо́таю здесь. А э́то ва́ша фи́рма. Вы рабо́таете здесь.

А вот наш парк. Там мы отдыха́ем.

단어와 어구

го́род [남] 도시
центр [남] 중앙, 중심
парк [남] 공원
шко́ла [여] 학교
апте́ка [여] 약국
друг [남] 친구 - друзья́는 복수주격형
у́лица [여] 거리
магази́н [남] 가게, 상점
заво́д [남] 공장
о́бувь [여] 신발
проду́кт [남] 제품
проду́кты [복] 식료품

находи́ться (нахожу́сь, нахо́дишься) [불완] 위치하다
кни́га [여] 책
оде́жда [여] 옷
костю́м [남] 양복
ша́пка [여] 모자
шарф [남] 목도리
ста́нция [여] 정거장, 기관, 소(所)
метро́ [중·불변] 지하철
би́ржа [여] 거래소
отдыха́ть (отдыха́ю, отдыха́ешь) [불완]
отдохну́ть [완] 쉬다, 휴식하다

응용 회화

A
- Саша, вот наша фирма.
- Это новое здание?
- Да, новое.
- А кто это?
- Это Николай Петрович, наш директор.
- Какой он человек?
- Он хороший человек и серьёзный партнёр.

Б
- Добро пожаловать в Москву!
- Намсу, приходи в гости!
- С удовольствием! А где ты живёшь?
- На проспекте Кутуцова, в доме № 22, в квартире № 16.
- Спасибо за приглашение.

단어와 어구

новый 새, 새로운
здание [중] 건물
директор [남] 지도자, 관리자
человек [남] 사람, 인간 **люди** [복]
хороший 좋은, 훌륭한
серьёзный 진지한, 엄숙한
партнёр [남] 친구, 상대, 파트너
Добро пожаловать 잘오셨습니다, 환영합니다
прийти (приду, придёшь) [완] **приходить** (прихожу, приходишь) [불완] 오다, 이르다, 도착하다

гость [남] 손님, 방문객
 идти в гости 손님으로 가다, 방문하다
удовольствие [중] 만족, 위안
с удовольствием 기꺼이
жить (живу, живёшь) [불완] 살다, 지내다
проспект [남] (도시의) 큰 거리
мир [남] 평화
дом [남] 집, 가옥, 아파트 등
квартира [여] 아파트
приглашение [중] 초대

 **해설**

1 차용어

러시아어에는 영어, 프랑스어 등에서 차용한 외래어 어휘가 많다. 특히 비즈니스와 관련된 용어는 영어에서 온 것이 많다.

бизнесме́н	businessman
ме́неджер	manager
фи́рма	firm
креди́т	credit
бро́кер	broker
аге́нт	agent
компа́ния	company
марке́тинг	marketing

2 거리 명칭의 약자

проспе́кт (대로)	пр.
у́лица (거리)	ул.
переу́лок (골목)	пер.
прое́зд (골목)	пр.
пло́щадь (광장)	пл.
бульва́р (가로수길)	б-р.
на́бережная (해안길)	наб.
шоссе́ (고속도로)	ш.

연 / 습 / 문 / 제

본문을 참조하여 다음 문장을 러시아어로 옮기시오.

❶ 당신을 만나서 반갑습니다.

　⇨

❷ 곧 만나 뵙겠습니다.

　⇨

❸ 여기가 우리 회사입니다.

　⇨

❹ 이분이 우리 김소장님입니다.

　⇨

❺ 그는 좋은 사람이고 진지한 파트너입니다.

　⇨

❻ 서울에 오신 것을 환영합니다.

　⇨

❼ 초청해 주셔서 감사합니다.

　⇨

УРОК 02

Визит

방문

Господи́н Пак! Вот мой дом. А вот моя́ маши́на. Это наш эта́ж. Здесь на́ша кварти́ра. Это мои́ роди́тели. Познако́мьтесь: э́то мой оте́ц. Его́ зову́т Ви́ктор Ива́нович. А э́то моя́ ма́ма. Её зову́т Тама́ра Серге́евна.

Па́па, ма́ма	Здра́вствуйте!
Пак	Здра́вствуйте!
Ма́ма	Вы иностра́нец?
Пак	Да, иностра́нец.
Па́па	Как вас зову́т?
Пак	Меня́ зову́т Намсу́ Пак.
Анто́н	Это мой партнёр. Мы вме́сте рабо́таем.
Пак	Ви́ктор Ива́нович, вы инжене́р?
Па́па	Нет, я не инжене́р. Я бизнесме́н.
Пак	Я то́же коммерса́нт.
Ма́ма	А я врач.
Анто́н	А вот мой друг. Познако́мьтесь это Са́ша. Он ме́неджер.
Пак	Я его́ зна́ю. Рад вас ви́деть. Как дела́?
Са́ша	Спаси́бо, норма́льно. Я то́же рад вас ви́деть.
Ма́ма	Вот сок, ко́фе, торт. Угоща́йтесь, пожа́луйста.
Пак, Са́ша	Спаси́бо.

단어와 어구

господи́н [남] 님, 씨 **господа́** [복] 여러분, 제군
  госпожа́ (господи́н의 여성) 부인, 사모님
маши́на [여] 자동차, 기계, 엔진
  е́хать на маши́не 자동차로 가다
эта́ж [남] 층
роди́тели [복] 양친, 부모
познако́миться (познако́млюсь, познако́мишься) [완]
  знако́миться [불완] **с кем-чем** ~와 아는 사이가 되다, 가깝게 되다
оте́ц [남] 아버지, 부친 **отцы́** [복]
звать (зову́, зовёшь) [불완] ~로 부르다, ~로 명명하다
  Как вас зову́т? 당신의 이름은 무엇입니까?

ма́ма [여] 엄마 **мать** [여] 어머니 **ма́тери** [복]
иностра́нец [남] 타인, 외국인 **иностра́нцы** [복]
  иностра́нка [여] **иностра́нки** [복]
вме́сте [부] 같이, 함께, 동시에
инжене́р [남] 기사
бизнесме́н [남] 비즈니스맨
коммерса́нт [남] (대규모의) 상인, 실업가
врач [남] 의사 (남·녀 구별없이)
ме́неджер [남] 매니저
ко́фе [남] [불변] 커피
взять (возьму́, возьмёшь) [완] **брать** [불완] 잡다, 가져오다

 해설

1 '비즈니스맨'을 뜻하는 단어
бизнесме́н, коммерса́нт, предпринима́тель, делові́е лю́ди(복)

2 자기 소개를 할 때

- Разреши́те предста́виться.
  Меня́ зову́т Намсу́ Пак.
- Дава́йте познако́мимся.
  Я бизнесме́н из Ю́жной Коре́и.
- Это моя́ визи́тка.
  Я журнали́ст из Сеу́ла.

  제 소개를 하겠습니다.
  저는 박남수라고 합니다.
  서로 인사하고 지냅시다.
  나는 한국에서 온 비즈니스맨입니다.
  여기 제 명함이 있습니다.
  저는 서울에서 온 기자입니다.

* визи́тка – визи́тная ка́рточка : 명함

3 다른 사람을 소개할 때

- Познако́мьтесь, пожа́луйста.
  Это наш дире́ктор Ким.
- Разреши́те предста́вить вам
  на́шего дире́ктора.
- Вы ведь знако́мы с мисс Ким?

  서로 인사하시지요.
  이분은 저희 김 소장님입니다.
  당신께 저희 소장님을 소개하겠습니다.
  김 양을 아시는지요?

독해 연습

Виктор – студент. Сейчас он живёт в Москве и учится в бизнес-школе. Его друзья тоже учатся здесь. Они будущие бизнесмены, коммерсанты и менеджеры.

В бизнес-школе Виктор изучает экономику, менеджмент, социологию, психологию, логику и, конечно, иностранный язык. Он изучает английский язык. Виктор уже хорошо понимает и говорит по-английски.

Виктор очень любит читать. Он много читает. Виктор читает дома, в автобусе и даже на улице. Он читает утром, днём и даже ночью.

단어와 어구

студент [남] 남자 대학생 **студентка** [여] 여자 대학생
сейчас 지금, 곧, 방금
учиться [불완] 배우다, 학습하다
будущий 미래의, 장래의, 다음의
изучить [완] **изучать** [불완] 배우다, 연구하다
экономика [여] 경제 (학)
менеджмент [남] 경영 (학)
социология [여] 사회학
психология [여] 심리학
логика [여] 논리학
конечно 물론, 틀림없이
инсотранный 외국의, 타국의
язык [남] 언어, 말
родной язык 모국어
английский язык 영어
немецкий язык 독일어
французский язык 프랑스어
испанский язык 스페인어 (에스파냐어)
китайский язык 중국어

японский язык 일본어
корейский язык 한국어
уже 이미, 벌써
понять (пойму, поймёшь) [완] **понимать** [불완] 이해하다, 알다
сказать (скажу, скажешь) [완] **говорить** [불완] 말하다, 이야기하다
по-английски 영어로
очень [부] 매우, 아주
любить (люблю, любишь) [불완] 사랑하다, 좋아하다
прочитать [완] **читать** [불완] 읽다
много 많이
дома 집에서
автобус 버스
даже ~까지 (도), ~조차
утром 아침에, 오전에
днём 낮에, 점심에, 오후에
вечером 저녁에
ночью 밤에

응용 회화

- Познако́мьтесь: это мой друг.
- Здра́вствуйте!
- Здра́вствуйте!
- Как вас зову́т?
- Меня́ зову́т Са́ша. А вас?
- А меня́ зову́т Андре́й.
- Вы студе́нт?
- Да, я студе́нт.
- Где вы у́читесь?
- Я учу́сь в би́знес-шко́ле. Изуча́ю марке́тинг и други́е предме́ты. А вы у́читесь и́ли рабо́таете?
- Я рабо́таю на би́рже «Алма́».
- Кто вы?
- Я бро́кер.
- До свида́ния!
- До встре́чи!

단어와 어구

марке́тинг [남] 마케팅
друго́й 다른, 별개의
предме́т [남] 과목, 대상
би́ржа [여] 거래소

това́рная би́ржа 상품거래소
фо́ндовая би́ржа 주식거래소
чёрная би́ржа 암시장
бро́кер [남] 중간상인, 브로커

해설

1 러시아인의 이름

러시아인의 이름은 이름(и́мя), 부칭(父稱, о́тчество), 성(фами́лия)으로 구성되어 있다.

이름	부칭	성
Михаи́л	Серге́евич	Горбачёв
Бори́с	Никола́евич	Е́льцин

부칭은 아버지의 이름을 딴 것으로, Горбачёв의 경우에는 아버지의 이름이 Серге́й 이고, Е́льцин은 Никола́й인 것을 알 수 있다. 친근한 사이에는 이름 대신 애칭 (уменьши́тельная фо́рма)을 부른다.

- Как Вас зову́т?   당신의 이름은 무엇입니까?
- Меня́ зову́т Намсу́ Пак.   나의 이름은 박남수입니다.
- Как Ва́ша фами́лия?   당신의 성은 무엇입니까?
- Моя́ фами́лия Горбачёв.   나의 성은 고르바쵸프입니다.
- Как Ва́ше и́мя?   당신의 이름은 무엇입니까?
- Моё и́мя Михаи́л.   나의 이름은 미하일입니다.
- Как ва́ши и́мя и о́тчество?   당신의 이름과 부칭은 무엇입니까?
- Моё и́мя и о́тчесвто Михаи́л Серге́евич.   나의 이름과 부칭은 미하일 세르게비치입니다.

2 호칭

러시아어의 호칭법은 비교적 까다로운 편이라 외국인들이 실수하기가 쉽다. 러시아인과의 완숙한 교제를 위해서는 애칭, 이름, 부칭, 성을 모두 외워두는 것이 필요하다. 공식적인 관계에서는 상대를 (1) 이름·부칭이나 (2) 직위·성으로 부르는 것이 무난하다.

- Михаи́л Серге́евич!   Профе́ссор Ивано́в!

영어에서처럼 상대를 이름·성으로 부르는 것은 잘못 된 것이다. 직위를 사용하지 않고 '~씨'로 부를 때는 Господи́н Ивано́в(남), Госпожа́ Ивано́ва(여)로 말할 수 있다. 그러나 비즈니스계에서는 Господи́н 보다 Ми́стер, Мисс 등의 호칭을 더 많이 쓴다. 상대와 아주 친근한 사이가 되고 대화가 ты로 진행될 때는 애칭만으로 부를 수 있다.

길에서나 상점 등에서 이름을 모르는 상태에서 사람을 부를 경우가 있는데, Молодо́й челове́к(젊은이), Де́вушка(아가씨), Же́нщина(아주머니) 등의 호칭을 쓸 수 있고, 식당에서는 Официа́нт(웨이터), Официа́нтка(웨이트리스)라고 부를 수 있다.

연 / 습 / 문 / 제

본문을 참조하여 다음 문장을 러시아어로 옮기시오.

❶ 나는 한국에서 온 비즈니스맨이다.

⇨ ....

❷ 이 사람이 나의 동업자입니다. 서로 인사하십시오.

⇨ ....

❸ 빅토르는 비즈니스 스쿨에서 공부한다.

⇨ ....

❹ 나는 경제학과 경영학을 공부한다.

⇨ ....

❺ 나는 영어와 프랑스어로 말한다.

⇨ ....

❻ 안톤은 주식거래소에서 일한다.

⇨ ....

УРОК 03

Телефонный разговор I

전화 통화 I

Секрета́рь	«Машиноимпорт».
Ким	Здра́вствуйте! Это Ким из фи́рмы «Самсунг».
Секр.	Здра́вствуйте, ми́стер Ким.
Ким	Бу́дьте добры́, мне бы хоте́лось поговори́ть с господи́ном Бело́вым, дире́ктором фи́рмы. Он у себя́?
Секр.	Да, но у него́ сейча́с перегово́ры. Что ему́ переда́ть?
Ким	Переда́йте ему́, пожа́луйста, что звони́л Ким из «Самсунг». Попроси́те его́ позвони́ть мне. Я бу́ду ждать его́ звонка́.
Секр.	Хорошо́, ми́стер Ким, я переда́м, что вы звони́ли.
Ким	Благодарю́ вас. До свида́ния.

단어와 어구

телефо́нный 전화의
телефо́н [남] 전화
разгово́р [남] 대화, 통화
секрета́рь [남] 비서, 서기
машиноимпорт (machine-import) 기계수입
Бу́дьте добры́ 실례합니다, 죄송합니다
фи́рма [여] 회사
перегово́ры [복] 상담, 협상

переда́ть (переда́м, -да́шь, -да́ст, -дади́м, -дади́те, -даду́т) [완] **передава́ть** [불완] 전하다, 전언하다
звони́ть (звоню́, звони́шь) [불완] **позвони́ть** [완] 전화하다
звоно́к [남] 통화
проси́ть (прошу́, про́сишь) [불완] **попроси́ть** [완] 요청하다, 부탁하다
ждать (жду, ждёшь) [불완] **подожда́ть** [완] 기다리다
благодари́ть (благодарю́, благодари́шь) [불완] **поблагодари́ть** [완] 감사하다

해설

전화 관련 표현

1 Где нахо́дится телефо́н?   전화가 어디에 있습니까?
Где нахо́дится таксофо́н?   공중전화가 어디에 있습니까?

2 Алло́!   여보세요!
Слу́шаю!
Я вас слу́шаю   여보세요! (전화를 받는 쪽)
Доба́вочный 24, пожа́луйста.   교환 24번 부탁합니다.

3 벨로프 씨 바꿔 주십시오.
Бу́дьте добры́, ми́стера Бело́ва, пожа́луйста.
Позови́те, пожа́луйста, ми́стера Бело́ва.
Пригласи́те, пожа́луйста, ми́стера Бело́ва.
Мо́жно попроси́ть ми́стера Бело́ва?
Мо́жно мне поговори́ть с ми́стером Бело́вым?
Соедини́те меня́, пожа́луйста, с ми́стером Бело́вым.

4 Он у себя́?   그는 자리에 있습니까?
Его́ сейча́с нет.   그는 지금 없습니다.
Его́ нет на ме́сте.   그는 자리에 없습니다.
Он ушёл.   그는 외출 중입니다.
Он ско́ро придёт.   그는 곧 돌아올 것입니다.

5 Это говори́т Бе́лов.   저는 벨로프입니다.
С ва́ми говори́т Бе́лов.
Бе́лов у телефо́на.

6 Кто говори́т?   전화하시는 분은 누구시죠?
Кто его спра́шивает?   누구라고 전할까요?

7 Я не понима́ю.   알아듣지 못하겠습니다.
Я не расслы́шал.
Говори́те гро́мче, пожа́луйста.   더 크게 말씀해 주십시오.
Говори́те ме́дленнее, пожалуйста   더 천천히 말씀해 주십시오.

8   Меня́ прерва́ли.
    Ли́ния занята́.

통화가 끊어졌습니다.
통화 중입니다.

9   Что ему́ переда́ть?
    Переда́йте ему́, что звони́л Бело́в.
    Попроси́те его́ позвони́ть мне.
    Мой но́мер 378-28-64
    (три́ста се́мьдесят во́семь,
    два́дцать во́семь, шестьдеся́т четы́ре)

무엇이라 전할까요?
벨로프가 전화했다고 전해주십시오.
저에게 전화해 달라고 전해주십시오.
제 번호는 378-28-64입니다.

10 Я хоте́л бы заказа́ть
    междунаро́дный разгово́р.
    Я хоте́л бы заказа́ть разгово́р
    с Ю́жной Коре́ей.
    Я могу́ сам набра́ть?
    Мо́жно от вас позвони́ть?

나는 국제전화를 신청하고 싶습니다.

나는 한국에 전화를 신청하고 싶습니다.

제가 직접 번호를 돌려도 됩니까?
당신 전화를 써도 될까요?

11 Я оши́бся но́мером.
    Вы оши́блись но́мером.
    Вы непра́вильно набра́ли но́мер.

제가 전화를 잘못 걸었습니다.
당신은 전화를 잘못 걸었습니다.

응용 회화

Белов	Алло́. Э́то «Самсунг»?
Секр.	Да.
Белов	Соедини́те меня́, пожа́луйста, с ми́стером Ки́мом.
Секр.	Прости́те, а кто его́ спра́шивает?
Белов	Бело́в из «Машиноимпорта».
Секр.	Ми́стер Ким, вас про́сит к телефо́ну Бело́в из «Машиноимпорта». Втора́я ли́ния.
Ким	Алло́! До́брое у́тро, господи́н Бело́в.
Белов	До́брое у́тро, ми́стер Ким. Мне переда́ли, что вы звони́ли.
Ким	Я хоте́л бы встре́титься с ва́ми для делово́й бесе́ды. Когда́ и где мы могли́ бы с ва́ми встре́титься?
Белов	За́втра в де́сять (10) часо́в утра́ в МВТ. Наш сотру́дник бу́дет вас ждать у центра́льного подъе́зда. Вас э́то устра́ивает?
Ким	Вполне́. Всего́ хоро́шего. До встре́чи.

단어와 어구

соединя́ть [불완] **соедини́ть** [완] 연결하다
прости́ть (прощу́, прости́шь) [완] **проща́ть** [불완] 용서하다, 양해하다
втора́я ли́ния 2번선
бесе́да [여] 대화, 상담
    делова́я бесе́да 비즈니스 상담

МВТ Министе́рство вне́шней торго́вли 대외무역부
центра́льный 중앙의
подъе́зд 입구
устра́ивать [불완] **устро́ить** [완] 만족하게 하다, 마음에 들다
сотру́дник [남] 직원
вполне́ 완전히, 전적으로

 **해설**

감사의 표현

1 구어적 표현

• Спаси́бо.	감사합니다.
• Большо́е спаси́бо.	대단히 감사합니다.
• Спаси́бо Вам большо́е.	대단히 감사합니다.
• Ещё раз спаси́бо.	다시 한 번 감사 드립니다.
• Благодарю́ вас.	감사합니다.
• Не́ за что! Пожа́луйста!	천만에요!

2 문어적 표현

• Я о́чень вам обя́зан.
  Я о́чень вам призна́телен.
  Я вам о́чень благода́рен.
	당신에게 깊이 감사합니다.

• Я выража́ю благода́рность.	감사의 뜻을 표합니다.
• Прими́те мою́ и́скреннюю благода́рность.	나의 깊은 감사를 받아주십시오.
• Я высоко́ ценю́ это.	나는 이것에 대해 깊이 감사합니다.
• Это о́чень любе́зно с вашей стороны́. Вы о́чень любе́зны.	당신은 매우 친절하십니다.

연 / 습 / 문 / 제

본문을 참조하여 다음 문장을 러시아어로 옮기시오.

❶ 나는 «삼성»의 김입니다.

⇨ ....

❷ 나는 미스터 벨로프와 통화하고 싶습니다.

⇨ ....

❸ 그에게 무엇이라 전할까요?

⇨ ....

❹ 미스터 김을 바꿔 주십시오.

⇨ ....

❺ 나는 사업상의 상담을 위해 당신과 만나고 싶습니다.

⇨ ....

❻ 이것이 당신에게 편리합니까?

⇨ ....

УРОК
04

Телефонный разговор II

전화 통화 II

Ким	Алло́, позови́те ми́стера Бело́ва, пожа́луйста.
Бело́в	Бело́в у телефо́на.
Ким	До́брое у́тро, ми́стер Бело́в. Говори́т Ким.
Бело́в	Здра́вствуйте, ми́стер Ким. Чем могу́ быть поле́зен?
Ким	У нас тру́дности с получе́нием виз для на́ших инжене́ров. Не могли́ бы вы нам помо́чь?
Бело́в	Коне́чно. Пришли́те спи́сок их имён со все́ми да́нными. Я постара́юсь ула́дить э́тот вопро́с со свое́й стороны́.
Ким	Спаси́бо, ми́стер Бело́в. Я сейча́с же э́то сде́лаю. До свида́ния.
Бело́в	До свида́ния.

단어와 어구

звать [불완] **позва́ть** [완] 부르다 позови́те는 명령형
поле́зный 유용한, 도움이 되는
  Чем могу́ быть поле́зен? 무엇을 도와드릴까요?
тру́дность [여] 어려움, 곤란
получе́ние [중] получи́ть(받다)의 명사형
ви́за [여] 비자
помо́чь (помогу́, помо́жешь) [완] **помога́ть** [불완] 도와주다
присла́ть (пришлю́, пришлёшь) [완] **присыла́ть** [불완]
  보내다, 파견하다

спи́сок [남] 사본, 목록
  послужно́й спи́сок 이력서
да́нные 자료, 재료, 통계, 이력
стара́ться (стара́юсь, стара́ешься) [불완] **постара́ться** [완] 노력하다, 시도하다
ула́дить [완] **ула́живать** [불완] 처리하다, 해결하다
  ула́дить вопро́с 문제를 해결하다
сторона́ [여] 면, 측
  со свое́й стороны́ 우리측에서

응용 회화

Секр.	Алло́!
Ким	Мо́жно мне поговори́ть с Фёдоровым? Э́то дово́льно сро́чно.
Секр.	Фёдоров уе́хал. Ему́ что́-нибудь переда́ть?
Ким	Уе́хал? Ра́зве э́то возмо́жно? У меня́ назна́чена встре́ча с ним на два часа́.
Секр.	Неуже́ли? Вы, должно́ быть, оши́блись.
Ким	Оши́бся? Не мо́жет быть. Не хоти́те ли вы сказа́ть, что я не уви́жусь с ним?
Секр.	Здесь произошла́ кака́я-то оши́бка. Назови́те и́мя и о́тчество господи́на Фёдорова, пожа́луйста.
Ким	Алекса́ндр Петро́вич.
Секр.	У нас рабо́тает Пётр Алекса́ндрович. Вы, ви́димо, оши́блись но́мером. Како́й но́мер вы набра́ли?
Ким	378-13-47.
Секр.	Вы непра́вильно набра́ли пе́рвые три ци́фры.
Ким	Извини́те, пожа́луйста, за беспоко́йство. В сле́дующий раз я бу́ду внима́тельнее. До свида́ния.

단어와 어구

дово́льно 충분히, 매우 **сро́чный** 급한, 기한부의
что́-нибудь 무엇이든
уе́хать [완] **уезжа́ть** [불완] 떠나다, 출발하다
ра́зве 정말로 ~일까 **возмо́жный** 가능한, 있을 수 있는
назнача́ть [불완] **назна́чить** [완] 정하다, 지정하다
встре́ча (여) 만남 **неуже́ли** 정말인가, 과연그런가
ошиби́ться (ошибу́сь, ошибёшься) [완] **ошиба́ться** [불완] 실수하다
ви́деться [불완] **уви́деться** [완] 만나다

произойти́ (произойду́, произойдёшь) [완]
  происходи́ть [불완] 생기다, 발생하다
оши́бка (여) 실수, 착오
назови́те назва́ть (부르다)의 명령형
набира́ть [불완] **набра́ть** [완] 번호를 돌리다, 모으다, 수집하다
непра́вильно 틀리게 **ци́фра** (여) 숫자
извиня́ть [불완] **извини́ть** [완] 용서하다
беспоко́йство (중) 근심, 걱정
сле́дующий 다음의 **в сле́дующий раз** 다음번에는
внима́тельный 조심스런, 신중한

1 전화번호 읽는 법

전화번호는 두 자리 수마다 끊어 읽는다. 다만 모스크바와 같은 대도시에서는 전부 7자리 수이므로, 앞의 3자리는 백·십·일 단위로, 그다음은 십·일 단위로 반복해 읽는다. 그러나 하나씩 숫자를 말해도 통한다.

예) 225-86-37   двéсти двáдцать пять / вóсемьдесят
                            드베스찌 드밧짜지   빠찌   보심지샤트

                          Шесть / трúдцать семь
                          쉐스찌   뜨리짜찌   셈

또는   Два два пять вóсемь шесть
                          드바 드바   빠찌   보심   쉐스찌

                          Три семь
                          뜨리 셈

2 시외전화 하는 법

먼저 '8'번을 돌리고 긴 신호음이 들리면 해당 번호를 돌린다.

3 국제전화 하는 법

① **서울에서 모스크바로**

먼저 국제전화 연결번호(001 등)를 돌리고, 다음으로 러시아 국가번호인 '7'을 돌리고 지역번호를 돌린 다음 해당 번호를 돌린다.

예) 001   –   7   –   095-123-12-34
     국제   국가번호   모스크바 가입자 번호

상대의 모바일폰으로 전화를 할 때도 같은 방식이다

예) 001   –   7   –   495-123-12-34
     국제   국가번호   모바일폰 번호

② **모스크바에서 서울로**

모스크바에서 서울로는 직접통화가 가능하다. 이때 주의할 점은, 한국의 지역번호에서 0을 빼고 돌리는 것이다. 예를 들어, 서울은 '02'가 아니라 '2'를 돌려야 하고, 인천은 '032'가 아니라 '32'를 돌려야 한다.

예) 82   –   2   –   123-1234
     국가번호   서울   가입자 번호

한국의 모바일폰으로 전화할 때도 '010' 대신 0을 빼고 '10'을 돌려야 한다.
예 82 – 10-3290-1234
　　국가번호　　모바일폰 번호

4　러시아 주요 도시의 지역번호(Коды городов)

고르노알타이	388	부리야트	301
나베레세니	8552	브랴스크	4832
나홋카	4236	블라고베셴스크	4162
노보로시스크	8617	블라디미르	4922
노보시비르스크	3832	블라디보스토크	4232
노보쿠즈네츠크	3842	블라디캅카스	8672
노브고로드	8162	사라토프	8452
니즈니노브고로드	8312	사란스크	8342
니즈니타길	34352	사마라	8462
다게스탄	872	사할린	424
드미트롭그라드	84235	살레하르트	349
랴잔	4912	상트페테르부르크	812
로스토프나도누	8632	세베르나야	867
리브나	8677	소치	8622
리페츠크	4742	수르구트	346
마가단	4132	스몰렌스크	4812
마그니토고르스크	3519	스타브로폴	8652
마이코프	87722	식티브카르	8212
모르도비아	834	아디게야	877
모스크바	495	아르마비르	86137
무르만스크	8152	아르한겔스크	8182
바르나울	3852	아무르	416
바시키르	347	아바칸	39172
베레즈니키	34242	아스트라한	8512
벨고로트	4722	안가르스크	3951
벨리키노브고로	162	알타이	385
보로네시	4732	야로슬라브	4852

볼고그라(스탈린그라드)	8442	야쿠티아	411
볼로그다	8172	예카테린부르크	3432
오렌부르크	3532	케메로보	384
오룔	4862	코노샤	81858
옴스크	3812	코미	821
우드무르티아	341	코스트로마	4942
우카타	82147	쿠르간	93522
우파	3472	쿠르스크	4712
울란우데	3012	크라스노다르	8612
울랴노프스크	8422	크라스노야르스크	3912
유즈노사할린스크	4242	클리몹스크	49676
이르쿠츠크	3952	키로프	8332
이바노보	4932	타간로크	86343
이젭스크	3412	타타르스탄	843
잉구셰티아	873	탐보프	475
젤레즈노고르스크	7482	톨리야티	8482
체레포베츠	820	톰스크	3822
체복사리	8352	투바	394
체첸	871	툴라	487
첼랴빈스크	3512	튜멘	3452
추바시	835	트베르	4822
추코트	427	퍄티고르스크	879
치타	3022	페름	3422
카라차이	878	페트로자보츠크	8142
카렐리야	814	페트로파블롭스크	41522
카바르디노	866	펜자(Penza)	8412
카잔	8432	프리모르스키	423
칼루가	4842	프스코프	8112
칼리닌그라드	4012	하바롭스크	4212
칼므키야(Kalmikiya)	847	하카시아	390
캄차카	415	한티만시	3462

우크라이나(380-)	도네츠크	62
	드네프로페트롭스크	56
	리비프	322
	세바스토폴	69
	수미	54
	심페로폴	652
	얄타	65
	오데사	48
	키예프	44
	하리코프	57
벨라루스(375-)	고멜	2322
	그로드노	15
	모길레프	222
	민스크	172
	브레스트	162
	비텝스크	2122
카자흐스탄(7-)	구레프	312
	아스타나	3172
	알마티	3272
	우랄스크	7112
	침켄트	325
	페트로파블롭스크	315
우즈베키스탄	타쉬켄트	998-3712
	사마르칸트	998-3662
	훼르가나	998-37322
키르기지아	비슈케크	996-312
타지키스탄	두샨베	992-3772
투르크메니스탄	아슈하바트	993-3632
조지아	트빌리시	995-32
아제르바이잔	바쿠	994-12
아르메니아	예레반	374-2
몰도바	키시네프	373-2

Телефонный разговор II

에스토니아	탈린	372-2
라트비아	리가	371-34
리투아니아	빌니우스	370-2

5 러시아와 CIS 국가 주요 도시와 서울 간의 시차

시간	도시
오후 3시	캄차트카 지역
오후 2시	블라디보스토크, 나호트카, 유즈노사할린스크, 코르사코프, 기타 사할린 지역
오후 1시	하바로프스크
정오	서울, 야쿠츠크
오전 11시	울란우데, 이르쿠츠크, 브라츠크
오전 10시	노보시비르스크, 슈센스코에, 톰스크
오전 9시	첼리노그라드, 알마아타, 타슈켄트, 비슈케크, 듀샨베, 침켄트, 페르가나, 옴스크
오전 8시	야슈하바트, 사마르칸트, 부하라, 예카테린부르크, 첼리아빈스크
오전 7시	야로슬라브, 블라디미르, 니즈니노브고로드, 로스토프나돈, 사라토프, 볼고그라드, 소치, 카잔, 바쿠, 예레반, 트빌리시
오전 6시	모스크바, 상트페테르부르크(레닌그라드), 민스크, 키예프, 리가, 탈린, 빌뉴스, 키시네프, 스몰렌스크, 얄타, 오데사, 하리코프, 로스토프, 무르만스크, 툴라

* 서머타임(3~10월) 기간 중에는 러시아의 시간이 1시간씩 빨라져서 서울과 모스크바 시차가 5시간이 된다.

6 모스크바의 평균 기온 (최고/최저기온:℃)

월	1	2	3	4	5	6	7	8	9	10	11	12
기온	-9/-16	-6/-14	0/-8	10/1	19/8	21/11	23/13	22/12	16/7	9/3	2/-3	-5/-10

연 / 습 / 문 / 제

본문을 참조하여 다음 문장을 러시아어로 옮기시오.

❶ 전화 바꾸었습니다. 벨로프입니다.

⇨ ………

❷ 비자를 받는 데 문제가 있습니다.

⇨ ………

❸ 이 문제를 해결하도록 노력하겠습니다.

⇨ ………

❹ 나는 그와 만나기로 되어 있습니다.

⇨ ………

❺ 지금 어떤 착오가 생겼습니다.

⇨ ………

❻ 어떤 번호로 전화를 거셨습니까?

⇨ ………

❼ 염려를 끼쳐 죄송스럽습니다.

⇨ ………

УРОК 05

Оформление визы

비자 신청

Вчера́ я сказа́л моему́ пе́рвому замести́телю Никола́ю Петро́вичу, что че́рез две неде́ли мы должны́ лете́ть с ним в Москву́.

Он рассказа́л мне, что нам ну́жно сде́лать. Снача́ла мы должны́ пойти́ в росси́йское посо́льство, что́бы взять там бла́нки ви́зовых анке́т и запо́лнить их.

Он объясни́л мне, как их ну́жно заполня́ть. Он сказа́л, что к анке́там ну́жно приложи́ть фотогра́фии разме́ром 3 на 4. А е́сли у нас есть приглаше́ние, мы должны́ приложи́ть к анке́те и его́. На отде́льном листе́ написа́ть назва́ние и а́дрес организа́ции, кото́рая нас приглаша́ет.

단어와 어구

оформле́ние [중] 마무리, 수속
замести́тель [남] 차관, 차장, 대리자, 대리
ко́нсульство [중] 영사관
посо́льство [중] 대사관
бланк [남] 서식용지
анке́та [여] 조사, 앙케트
запо́лнить [완] **заполня́ть** [불완] 채우다, 필요한 사항을 적어넣다
объясни́ть [완] **объясня́ть** [불완] 설명하다
приложи́ть [완] **прилага́ть** [불완] 첨부하다
фотогра́фия [여] 사진
разме́р [남] 길이, 크기, 넓이, 치수
приглаше́ние [중] 초대, 초청(장)
отде́льный 개별적인, 별개의, 떨어진
лист [남] 종잇장, 각종 문서
назва́ние [중] 이름, 명칭

해설

비자수속

1 2013년 11월 한국과 러시아 간에는 비자 면제 각서가 체결되어, 60일 이내 상대국을 방문하는 사람은 별도의 비자 없이 입국할 수 있다.

2 60일 이후 장기 체류하는 경우는 소정의 비자 신청 절차에 따라 비자 신청을 하여야 한다.

3 2006년 5월 우크라이나를 시작으로 구소련권 국가들이 한국인에 대해 무비자 입국제도를 실시하였다. 2017년 4월 우즈베키스탄이 무비자 입국제도를 시행하면 타지키스탄을 제외한 모든 나라에 비자 없이 입국할 수 있다. 무비자 체류 허용 기간은 각 국가마다 다르므로 출국 전에 확인해야 한다.

응용 회화

В консульском отделе

Господин Пак Н.Петрович	Здра́вствуйте!
Служащая	Здра́вствуйте!
Пак	Нам нужны́ ви́зы на въе́зд в столи́цу Росси́и.
Сл.	Вы е́дете по приглаше́нию?
Пак	Да, коне́чно.
Сл.	Цель ва́шей пое́здки?
Пак	Цель на́шей пое́здки делова́я.
Сл.	Когда́ вы улета́ете?
Пак	Че́рез 2 неде́ли. А когда́ бу́дет гото́ва ви́за?
Сл.	Приди́те за ней че́рез неде́лю.
Н.П.	Де́вушка, а како́й срок де́йствия ви́зы?
Сл.	Ско́лько вре́мени вы бу́дете находи́ться в Москве́?
Пак	Две неде́ли.
Сл.	Я напишу́ вам срок де́йствия ви́зы оди́н ме́сяц.
Н.П.	А е́сли нам ну́жно бу́дет продли́ть ви́зу?
Сл.	Обрати́тесь в моско́вский ОВИР, и вам её продля́т.
Н.П.	Ви́дите ли, де́вушка, я ду́маю, что нам дово́льно ча́сто ну́жно бу́дет е́здить туда́ и обра́тно.
Сл.	Тогда́ я вам офо́рмлю многокра́тную въездну́ю и выездну́ю ви́зу.
Пак	Спаси́бо.
Сл.	Возьми́те, пожа́луйста, бла́нки ви́зовых анке́т и запо́лните их. Приложи́те к ним фотогра́фии и приглаше́ние.

단어와 어구

въе́зд [남] 입국 **вы́езд** [남] 출국
принести́ [불완] 가져오다, 지참하다
цель [여] 목적, 목표
де́йствие [중] 효력, 효과, 유효
гостево́й 손님의, 내빈의
продли́ть [불완] 연장하다
обрати́ться (обращу́сь, обрати́шься) [완] **обраща́ться**
 [불완] (방향을) 돌리다, ~로 향하다

ОВИР (отде́л виз и регистра́ции иностра́нцев)
 외국인비자 등록부
туда́ и обра́тно 왕복
многокра́тный 반복되는, 중복되는
многокра́тная ви́за 복수비자
транзи́тная ви́за 통과비자

연 / 습 / 문 / 제

본문을 참조하여 다음 문장을 러시아어로 옮기시오.

❶ 2주일 후 우리는 모스크바로 출발해야 한다.

⇨ ....

❷ 우리는 러시아 입국비자가 필요하다.

⇨ ....

❸ 우리의 여행 목적은 비즈니스이다.

⇨ ....

❹ 비자 유효기간은 얼마입니까?

⇨ ....

❺ 나는 당신에게 복수 출입국비자를 발급해 드리겠습니다.

⇨ ....

❻ 비자신청서를 받아서 그것을 작성하십시오.

⇨ ....

УРОК 06

Деловая поездка в Россию

러시아 출장

Мистер Пак, коммерческий директор известной корейской фирмы, во главе торговой делегации собирается посетить Россию. В первую очередь он хочет посетить Москву, чтобы установить деловые контакты с российскими внешнеторговыми организациями, познакомиться с работой российских коммерсантов, побывать в Министерстве внешней торговли России, на международной выставке, на аукционе и, наконец, познакомится с жизнью русского народа.

Мистер Пак решает лететь в Москву самолётом.

Он справляется о том, каким самолётом можно лететь в Москву. Его секретарь приносит ему проспект авиакомпании Аэрофлот, где сказано: «Аэрофлот – крупнейшее воздушно-транспортное предприятие».

Его авиалинии протянулись через воздушное пространство шести континентов и связаны с международными воздушными линиями. Тарифная стоимость билетов на самолёты Аэрофлота не выше международных тарифов других авиакомпаний. Продолжительность полёта из Сеула в Москву 8 часов.

단어와 어구

комме́рческий 상업의, 판매의
дире́ктор [남] 지도자, 관리자
изве́стный 알려진, 유명한, 저명한
фи́рма [여] 상사, 회사
глава́ [여] 대표, 지도자
торго́вый 상업의, 무역의
делега́ция [여] 대표위원단, 사절(단)
собра́ться (соберу́сь, соберёшься) [완] **собира́ться** [불완] 준비하다, 뜻을두다, 계획하다
посети́ть (посещу́, посети́шь) [완] **посеща́ть** [불완] 방문하다, 찾아가다
о́чередь [여] 차례, 순번, 줄, 행렬
в пе́рвую о́чередь 우선, 무엇보다 먼저
установи́ть [완] **устана́вливать** [불완] 만들다, 설치하다, 확립하다
внешнеторго́вый 대외무역의
организа́ция [여] 구조, 조직, 기관
коммерса́нт [남] 상인, 실업가
министе́рство [중] 부(部), 성(省); 정부, 내각
    вну́тренних дел 내무부
    иностра́нных дел 외무부
    торго́вли и инду́стрии 상공부
    фина́нсов 재무부
вы́ставка [여] 진열, 전람회, 박람회

аукцио́н [남] 경매
спра́виться [완] **справля́ться** [불완] 조사하다, 문의하다
ска́зано (сказа́ть의 피동형용사 과거) 이야기된, 거론된, 언급된
крупне́йший (кру́пный의 최상급) 가장 큰, 최대규모의
предприя́тие [중] 기업, 회사
авиали́ния [여] 항공로
протяну́ться [완] **протя́гиваться** [불완] 뻗다, 펴지다
простра́нство [중] 공간, 지역
контине́нт [남] 대륙
свя́заны (связа́ть의 피동형용사 과거) 연결된, 관계된, 관련된
скоростно́й 고속의, 쾌속의
реакти́вный 반응의, 제트엔진
ла́йнер [남] 여객기, 여객선
борт [남] 비행기안, 뱃전
приня́ть на борт 탑승시키다, 승선시키다
доста́вить [완] **доставля́ть** [불완] 보내주다, 공급하다
кратча́йший (кра́ткий의 최상급) 가장 짧은, 최단의
срок [남] 기일, 기한, 기간 **в срок** 기한내로
традицио́нный 전통적인, 전통을 따른
комфо́рт [남] 안락, 편안함
сто́имость [여] 가격, 값
тари́ф [남] 세율, 요금
продолжи́тельность [여] 시간, 기간의 계속
полёт [남] 비행, 비상

 해설

1 모스크바의 공항

모스크바에는 <Шереме́тьево> 이외에 <Домоде́дово>, <Вну́ково>, <Быко́во> 공항 등이 있다. 셰레메티예보 공항은 I, II로 나뉘어져 있는데, II가 국제공항이고 I은 국내선용이다. Петербу́рг 방면으로 가는 여행객은 셰레메티예보 II에서 I로 이동해야한다.

2 비행기의 기종

러시아 비행기의 기종은 대부분 설계자의 이름을 따서 짓는다. 예를 들어, Ил은 Илью́шин을 의미하고 Ту는 Ту́полев로, Ан은 Анто́нов로 읽는다. 과거에는 대부분 국내선과 국제선에 러시아제 비행기가 주로 취항하였으나, 지금은 거의 모든 국제선에 보잉이나 에어버스가 투입되고, 국내선의 상당수도 서방 비행기가 사용된다.

응용 회화 I

- Как вас зову́т?
- Меня́ зову́т Намсу́ Пак.
- Отку́да вы при́были?
- Мы при́были из Сеу́ла.
- С како́й це́лью вы при́были в Росси́ю?
- Мы при́были в Росси́ю, что́бы установи́ть деловы́е конта́кты с ва́шими внешнеторго́выми организа́циями.
- Ско́лько вре́мени продолжа́лся полёт?
- Мы лете́ли всего́ 8 часо́в.
- Когда́ самолёт при́был в аэропо́рт «Шереме́тьево»?
- Самолёт при́был в аэропо́рт «Шереме́тьево» в 4 часа́ 30 мину́т.
- Как вы себя́ чу́вствуете?
- Прекра́сно.
- Жела́ем вам успе́хов.
- Спаси́бо.

단어와 어구

отку́да 어디에서부터
прибы́ть (прибу́ду, прибу́дешь) [완] **прибыва́ть** [불완] 오다
цель [여] 목적, 목표
с како́й це́лью 어떤 목적으로
продолжа́ться [불완] **продо́лжиться** [완] 지속되다, 계속되다
лете́ть (лечу́, лети́шь) [완] **лета́ть** [불완] 날다, 비행하다

самолёт [남] 비행기 **аэропо́рт** [남] 공항
себя́ [재귀] 자기, 자신
почу́вствовать [완] **чу́вствовать** [불완] 느끼다, 깨닫다
прекра́сно [부] 훌륭하게, 멋지다, 좋다, 훌륭하다
жела́ть [불완] 바라다, 희망하다
успе́х [남] 성공, 성취, 발전

응용 회화 II

Стюардесса	Мы идём на поса́дку! Пристегни́те ремни́!
Пак	Нас бу́дут встреча́ть в аэропорту́?
Ким	Да, коне́чно, у них бу́дет своя́ маши́на.
Пак	Ми́стер Фо́лкнер, е́сли вы хоти́те е́хать с на́ми, мы мо́жем взять вас с собо́й.
Фол.	Спаси́бо. Я согла́сен, е́сли в маши́не бу́дет свобо́дное ме́сто.
Пак	Хорошо́.
Ким	Ну вот мы и долете́ли.
Пак	Мы долете́ли про́сто замеча́тельно!
Фол.	Где мо́жно получи́ть бага́ж?
Ким	Я ду́маю, что нам сообща́т об э́том по́зже. А тепе́рь нам ну́жно пройти́ па́спортный и тамо́женный контро́ль.
Пак	У нас всё в поря́дке. Я ду́маю, что здесь у нас не бу́дет пробле́м.
Ким	Коне́чно.
Диктор	Уважа́емые пассажи́ры, прилете́вшие из Сеу́ла, вы мо́жете получи́ть свой бага́ж на пе́рвом этаже́ в бага́жном отделе́нии.
Фол.	Ну вот и при́был наш бага́ж. Пойдёмте получа́ть его́.

◁ 단어와 어구 ▷

пристегну́ть [완] **пристёгивать** [불완] (단추, 지퍼, 벨트 등을) 채우다
реме́нь [남] 안전벨트, 혁대
бага́ж [남] 여객수화물
тамо́женный 관세의, 세관의
контро́ль [남] 감독, 검사
пробле́ма [여] 과제, 문제
прилете́вший (прилете́ть의 능동형동사 과거) 날아온, 도착한
эта́ж [남] 건물의 층
отделе́ние [중] 지국, 지부

연 / 습 / 문 / 제

본문을 참조하여 다음 문장을 러시아어로 옮기시오.

❶ 미스터 박은 유명한 한국 회사의 사업담당 부장이다.

⇨

❷ 당신은 무슨 목적으로 러시아에 가십니까?

⇨

❸ 나는 러시아 대외 무역 기관과 무역 사업 접촉을 하고싶습니다.

⇨

❹ 나는 국제 상품 전람회에 참석할 것입니다.

⇨

❺ 서울에서 모스크바까지의 비행 시간은 8시간이다.

⇨

❻ 우리는 입국 검사대를 통과해야 한다.

⇨

❼ 당신들은 1층에서 수화물을 받아 갈 수 있습니다.

⇨

УРОК 07

Паспортный контроль

입국 심사

Пак	Где нахо́дится па́спортный контро́ль?
Слу́жащий	Вот здесь. Прошу́ ва́ши докуме́нты.
Н.Петро́вич	Вот на́ши паспорта́ и ви́зы.
Сл.	Вам ну́жно запо́лнить бла́нки. Вот, пожа́луйста. заполня́йте лати́нскими бу́квами.
Пак	Никола́й Петро́вич, помоги́те, пожа́луйста, запо́лнить бланк.
Н.П.	Одну́ мину́ту! Что вы не понима́ете?
Пак	Я не понима́ю, что тако́е «цель пое́здки».
Н.П.	Вы бизнесме́н. Зна́чит цель ва́шей пое́здки «делова́я».
Фолкнер	Никола́й Петро́вич, а что ну́жно написа́ть мне?
Н.П.	А вы путеше́ствуете. Вы тури́ст. Зна́чит цель ва́шей пое́здки «тури́зм».
Фол.	Спаси́бо. А где мне расписа́ться?
Сл.	Вот, здесь.
Н.П.	Вы поста́вили ви́зы в на́ших паспорта́х?
Сл.	Да, коне́чно.
Н.П.	Всего́ хоро́шего!
Сл.	Счастли́во!
Пак	Тепе́рь нам ну́жно пройти́ тамо́женный контро́ль.
Н.П.	Это ря́дом. Пойдёмте.

> 단어와 어구

контро́ль [남] 검사, 감시, 감독국
докуме́нт [남] 증서, 서류, 신분증, 여권
бу́ква [여] 문자
помо́чь (помогу́, помо́жешь) [완] **помога́ть** [불완] 돕다, 원조하다
расписа́ться (распишу́сь, распи́шешься) [완]
　распи́сываться [불완] 서명하다
счастли́во! 행운이 있기를!
ря́дом [부] 나란히, 옆에, 인접하여
тури́зм [남] 여행, 관광

응용 회화 I

Таможенный контроль

Сл.   Вам нýжно запóлнить блáнки тамóженной декларáции. Вот, пожáлуйста.

Пак   Мне нéчего заявлять в декларáции.

Сл.   Покажите, пожáлуйста, ваш багáж.

Н.П.   Вот наш багáж.

Сл.   Что у вас в этих чемодáнах?

Н.П.   Здесь у нас тóлько вéщи лúчного пóльзования.

Сл.   Открóйте, пожáлуйста, этот чемодáн.

Пак   Пожáлуйста.

Сл.   У вас есть вéщи, облагáемые пóшлиной?

Пак   Это подáрки. Два персонáльных компьютера.

Сл.   Вам нýжно запóлнить декларáцию, потомý что эти вéщи облагáются пóшлиной. Вот, пожáлуйста, возьмите декларáцию.

Сл.   У вас есть с собóй валюта?

Н.П.   Нет. Но есть аккредитив. Я перевёл дéньги в одúн из москóвских бáнков.

Сл.   А у вас есть валюта?

Пак   Да, есть.

Сл.   В каких купюрах?

Пак   Об этом я написáл в декларáции.

Сл.   Покажите, пожáлуйста, вáше свидéтельство о вакцинáции.

Пак   Вот, пожáлуйста.

Н.П.   Мы мóжем идти?

Сл.   Да, конéчно.

단어와 어구

тамóжня [여] 세관
декларáция [여] 신고(서) **тамóженная~** 세관신고서
заявить [완] **заявлять** [불완] 신고하다, 진술하다
нéчего 없다, ~할 필요가 없다
чемодáн [남] 여행가방, 트렁크
лúчный 개인의, 자신의 **пóльзование** [중] 이용, 사용
облагáться [불완] (세금 따위가) 부과되다
облагáемый (облагáть의 피동형동사 현재) 부과된

пóшлина [여] 세금 **спúсок** [남] 목록, 일람표
уплатить [완] **уплáчивать** [불완] 지급하다
валюта [여] 외화, 경화 **аккредитив** [남] 신용장, 신용어음
перевести (переведý, переведёшь) [완] **переводить** [불완] 송금하다, 이동시키다
купюра [여] 지폐의 표시 가격, 액면가
свидéтельство [중] 증명서
вакцинáция [여] 예방주사

응용 회화 II

A

Пак — Скажи́те, пожа́луйста, где я могу́ обменя́ть валю́ту?
Н.П. — Кака́я у вас валю́та?
Пак — До́ллары США и англи́йские фу́нты.
Н.П. — Вы мо́жете обменя́ть их в ба́нке или здесь, в обме́нном пу́нкте.
Пак — А где нахо́дится э́тот пункт?
Н.П. — Снача́ла пойдёте пря́мо, а пото́м повернёте нале́во. Подойдёте к пе́рвому окну́.

Б

Пак — Я хочу́ обменя́ть валю́ту на рубли́. Како́й обме́нный курс для до́лларов США?
Сл. — 65 рубле́й за до́ллар.
Пак — Обменя́йте мне, пожа́луйста, 100 до́лларов.
Сл. — Вот пожа́луйста.
Пак — Спаси́бо.

단어와 어구

обме́н [남] 교환 **обме́н валю́ты** 환전
обменя́ть [완] **обме́нивать** [불완] 바꾸다, 교환하다
США 미국
фунт [남] 파운드(화폐단위)
поверну́ть [완] 다른 방향으로 돌다, 방향을 바꾸다

курс [남] 환율, 상장시가
обме́нный ~ 환율
пункт [남] 지점
обме́нный пункт 환전소

연 / 습 / 문 / 제

본문을 참조하여 다음 문장을 러시아어로 옮기시오.

❶ 입국 심사대가 어디 있습니까?

⇨ _____

❷ 여기 우리의 여권과 비자가 있습니다.

⇨ _____

❸ 당신들은 세관 신고서를 작성해야 합니다.

⇨ _____

❹ 가방 안에는 개인용품만 있습니다.

⇨ _____

❺ 당신은 외화를 가지고 있습니까? 어떤 지폐를 가지고 있습니까?

⇨ _____

❻ 어디에서 환전을 할 수 있습니까?

⇨ _____

❼ 나는 외화를 루블로 바꾸고 싶습니다.

⇨ _____

❽ US달러의 환율은 얼마입니까?

⇨ _____

УРОК 08

Гостиница

호텔

Пак	Здрáвствуйте!
Администрáтор	Дóбрый день. Я вас слýшаю.
Пак	Мы заброни́ровали номерá в вáшей гости́нице.
Адм.	Мне нужны́ вáши паспортá.
Пак	Вот, пожáлуйста.
Адм.	Вы должны́ запóлнить регистрациóнные блáнки.

Фами́лия, имя, óтчество_____

Дáта и мéсто рождéния_____

Граждáнство_____

Áдрес постоя́нного мéста жи́тельства_____

Срок пребывáния в гости́нице_____

Дáта вы́езда_____

Дáта заполнéния_____

Пóдпись_____

Дежýрный администрáтор_____

Пак	Вот, возьми́те, пожáлуйста. Мы запóлнили блáнки.
Адм.	Господá, вáши номерá нахóдятся на шестóм этажé. К ли́фту пройди́те чéрез холл, потóм по лéстнице вверх и напрáво. Возьми́те, пожáлуйста, ключи́.
Пак	Спаси́бо.

단어와 어구

огрóмный 거대한, 광대한
крупнéйший крýпный (큰, 대규모의) 최상급
администрáтор [남] 행정관, 관리자
брони́ровать [완·불완] заброни́ровать [완] 특별히 확보하다
регистрациóнный 기록의, 등록의
óтчество [중] 부칭
дáта [여] 날짜, 연월일
рождéние [중] 출생, 생일
граждáнство [중] 시민권, 국적

постоя́нный 항시적인, 상설의
жи́тельство [중] 거주, 체재
пребывáние [중] 체류, 체재, 거류
заполнéние [중] 기입, 메모
пóдпись [여] 서명, 사인
лéстница [여] 계단
вверх 위로 향하여
ключ [남] 열쇠
напрáво 오른쪽으로 налéво 왼쪽으로

응용회화 I

Пак	Мне ну́жен одноме́стный люкс.
Адм.	К сожале́нию, у нас оста́лись то́лько двухме́стные номера́-люкс.
Пак	Хорошо́. Ско́лько сто́ит э́тот но́мер в су́тки?
Адм.	400 до́лларов. Счёт ну́жно оплати́ть сейча́с.
Пак	Мо́жно че́ками?
Адм.	Коне́чно.
Пак	Вот, пожа́луйста. Како́й но́мер мое́й ко́мнаты?
Адм.	Ва́ша ко́мната № 535. Это на пя́том этаже́. Всего́ до́брого!
Пак	Спаси́бо.
Адм.	Одну́ мину́ту! Возьми́те, пожа́луйста, ка́рточку го́стя (гостеву́ю ка́рточку).

단어와 어구

люкс [불변] 특실 (형) 호화스러운
сожале́ние [중] 유감, 애석
к сожале́нию 유감스럽지만, 안타깝게도
су́тки [복] 1 주야, 24시간
счёт [남] 계산

чек [남] 수표
гостево́й 빈객의, 내빈의
гостева́я ка́рточка 숙박증
одноме́стный 1인실의
двухме́стный 2인실의

 해설

지불 방법

Мо́жно плати́ть че́ками?	수표로 지불해도 되겠습니까?
Мо́жно плати́ть доро́жными че́ками?	여행자수표로 지불해도 되겠습니까?
Мо́жно плати́ть креди́тной ка́ртой?	신용카드로 지불해도 되겠습니까?
Мо́жно плати́ть нали́чными?	현금으로 지불해도 되겠습니까?

응용 회화 II

Дежу́рная по этажу́	Мо́жно?
Пак	Пожа́луйста, входи́те.
Деж.	До́брый день! Я дежу́рная по этажу́.
Пак	Здра́вствуйте. Рад вас ви́деть.
Деж.	Е́сли вам что-нибу́дь ну́жно, обраща́йтесь ко мне́. Или мо́жете позвони́ть по но́меру 30-02.
Пак	Спаси́бо. Я то́лько что хоте́л пригласи́ть го́рничную.
Деж.	Хорошо́, я сейча́с скажу́, чтобы она́ пришла́.
Го́рничная	Здра́вствуйте.
Пак	Здра́вствуйте. Погла́дьте, пожа́луйста, э́тот костю́м и руба́шку. Мне нужны́ э́ти ве́щи че́рез час.
Гор.	Че́рез час я принесу́ вам э́ти ве́щи.
Пак	Спаси́бо.

단어와 어구

обраща́ться [불완] **обрати́ться** [완] ~쪽을 향하다, 말을 걸다, 호소하다
с про́сьбой 부탁하다, 청하다
го́рничная [여] 청소부, 객실 청소원
погла́дить [완] 다리다, 주름을 펴다
костю́м [남] 양복, 의복
руба́шка [여] 내의, 셔츠
приноси́ть [불완] **принести́** [완] 가져오다, 가져다주다

해설

호텔 관련 어휘

1 직원
- Дире́ктор — 지배인
- Администра́тор — 직원
- Телефони́стка — 전화교환수
- Дежу́рная — floor lady (각 층의 관리 담당)
- Го́рничная — 객실청소원
- Носи́льщик — 호텔 벨맨
- Портье́ — 포터
- Швейца́р — 수위
- Бюро́ обслу́живания — service desk

2 부대시설
- Лифт — 엘리베이터
- Ле́стница — 계단
- Зал — 홀
- Коридо́р — 복도
- Запасно́й вы́ход — 비상구
- Рестора́н — 레스토랑
- Столо́вая — 식당
- Буфе́т — 간이식당
- Бар — 바
- Шве́дский стол — 뷔페
- Бассе́йн — 수영장
- По́чта — 우체국
- Парикма́херская — 이발소
- Ночно́й клуб — 나이트클럽
- Гости́ная — 라운지
- Пра́чечная — 세탁실
- Почи́стить — 세탁하다
- Погла́дить — 다리다
- Химчи́стка — 드라이클리닝

3 객실

- Но́мер — 객실
- Ключ от но́мера — 객실열쇠
- Одноме́стный но́мер — 1인실
- Двухме́стный но́мер — 2인실
- Крова́ть — 침대
- Двухспа́льная крова́ть — 더블침대
- Стул — 의자
- Шкаф — 옷장
- Зе́ркало — 거울
- Ла́мпа — 램프
- Телефо́н — 전화
- Ва́нна — 목욕실
- Туале́т — 화장실
- Убо́рная — 화장실
- Занаве́ски — 커튼
- Што́ры — 블라인드
- Одея́ло — 담요
- Поду́шка — 베개
- Бельё — 침구
- Кондиционе́р — 에어컨디셔너
- Отопле́ние — 히터
- Вентиля́тор — 통풍기
- Ада́птер — 어댑터
- Розе́тка — 소켓
- Ви́лка — 플러그
- Ште́псель — 플러그
- Вольт — 전압

연 / 습 / 문 / 제

본문을 참조하여 다음 문장을 러시아어로 옮기시오.

❶ 우리는 당신 호텔에 객실을 예약했습니다.

⇨ ....

❷ 당신들의 방은 6층입니다.

⇨ ....

❸ 이 방의 하루 숙박료가 얼마입니까?

⇨ ....

❹ 여행자 수표로 지불할 수 있습니까?

⇨ ....

❺ 이 양복과 셔츠를 다려 주십시오.

⇨ ....

❻ 나는 1인실 특실이 필요합니다.

⇨ ....

УРОК 09

Приватизация гостиницы

호텔의 민영화

Пак	Сергей Александрович, вы давно занимаетесь гостиничным бизнесом?
С.А.	Нет, настоящим гостиничным бизнесом мы начали заниматься недавно.
Пак	Почему настоящим?
С.А.	Недавно мы приватизировали гостиницу и отремонтировали её.
Пак	Но ведь это стоит немало!
С.А.	В прошлом году мы взяли кредит в банке. А потом выпустили свои акции.
Пак	Извините, а у кого находится контрольный пакет акций?
С.А.	Контрольный пакет акций находиться у меня.
Пак	Значит, вы являетесь владельцем гостиницы?
С.А.	Да. Но другие владельцы акций получают высокие дивиденды.
Пак	Сергей Александрович, скажите, пожалуйста, как вы рекламируете свою гостиницу?
С.А.	Сначала мы выпустили несколько рекламных проспектов на разных языках, а потом показали небольшой рекламный ролик по телевидению России и других стран.
Пак	Вы занимаетесь только гостиничным бизнесом?

С.А. Нет. На́ше акционе́рное о́бщество занима́ется ещё и туристи́ческим би́знесом. В гости́нице на пе́рвом этаже́ нахо́дится туристи́ческое бюро́ и ка́ссы по прода́же авиабиле́тов.

Пак Разреши́те предложи́ть тост за успе́х ва́шего де́ла!

С.А. Спаси́бо.

Пак Серге́й Алекса́ндрович, к сожале́нию, нам ну́жно идти́.

С.А. Всего́ до́брого!

Пак До свида́ния!

단어와 어구

настоя́щий [형] 현재의, 지금의
со́бственность [여] 소유, 소유권, 재산
приватиза́ция [여] 사유화
приватизацио́нный чек 민영화주식
приватизи́ровать [완·불완] 사유화하다
отремонти́ровать [완] 수선하다
креди́т [남] 신용, 신용대부, 크레디트
выпуска́ть [불완] **вы́пустить** [완] 내다, 발행·출판하다
 –**заем** 채권을 발행하다 **а́кция** [여] 주권(株券)행위
спекуля́ция а́кциями 주식투기
паке́т [남] 꾸러미, (종이) 봉지
контро́льный 주주총회의 의결을 좌우할 수 있을만한 소유주 수

явля́ться [불완] **яви́ться** [완] 광고·선전하다
владе́лец [남] 소유자, 주인
дивиде́нд [남] 이익배당금
реклами́ровать [완·불완] 광고·선전하다
проспе́кт [남] 카탈로그, 내용견본
ра́зный [형] 다른, 개개의, 여러가지의
рекла́мный ро́лик (C.F) 상업광고
телеви́дение [중] 텔레비전 방송 **телеви́зор** [남] TV수상기
акционе́рное о́бщество 주식회사
прода́жа [여] 판매
тост [남] 축배·축배의인사말
 предложи́ть~ 축배를 제의하다, 축배를 들다

독해 연습

Корреспондéнт газéты «Извéстия» встрéтился с дирéктором сáмого популя́рного мéбельного магазúна Москвы́ Галúной Малúниной. Вот что онá рассказáла:

«Служáщие магазúна сóздали своё совмéстное предприя́тие, котóрое называ́ется «Такú-Москвá», в 1990 годý. Онú отремонтúровали здáние, вложúли в предприя́тие немáло дéнег. И сегóдня, éсли у вас есть четы́ре стены́, пол и потолóк, всё остальнóе вы смóжете купúть в «Такú-Москвá», невáжно, квартúра у вас úли óфис.

Это магазúн пóлного сéрвиса. «Мáксимум удóбств для людéй» - вот нáше крéдо. В магазúне мóжно отдохнýть, éсли вы устáли, вы́пить чáшку кóфе. А для тех, кто хóчет красúво и мóдно одевáться, - наш отдéл одéжды. В магазúне тáкже мóжно купúть запасны́е чáсти к автомобúлям инострáнных мáрок.

Фúрма «Такú» ужé 25 лет поставля́ет егúпетские товáры на наш ры́нок. А дочéрнее предприя́тие «Такú» во Фрáнкфурте стáло учредúтелем совмéстного предприя́тия «Такú-Москвá». Онú вмéсте привóзят в Москвý удóбную мéбель, ковры́, предмéты бы́та.»

단어와 어구

корреспондéнт [남] 특파원, 기자
популя́рный 인기있는
мéбель [남] 가구 **мéбельный магазúн** 가구점
совмéстный 공동의, 협동의
  совмéстное предприя́тие 합영기업(joint venture)
называ́еться [불완] **назвáться** [완] 불려지다
влагáть [불완] **вложúть** [완] 투자하다, 넣다
остальнóе [중] 남은것, 나머지
óфис [남] 사무실
сéрвис [남] 서비스
мáксимум [남] 최대한, 최대량
удóбство [중] 편의, 편리한 시설, 장치
крéдо [중] 신조, 주의
одевáться [불완] **одéться** [완] 옷을 입다

мóдный 유행의 **мóда** [여] 유행
запаснóй 예비의, 저축의 **запасны́е чáсти** 예비부속품
инострáнный 외국의
мáрка [여] 상표, 제품
егúпетский 이집트의 **Егúпет** [남] 이집트
дочéрний 분리의
дочéрнее предприя́тие 자회사
учредúтель [남] 창립자, 설립자
приводúть (привожý, привóдишь) [불완]
  привести [완] 가져오다, 인도하다
ковёр [남] 카펫
предмéт [남] 물건, 품목
быт [남] 생활, 생활상태

연 / 습 / 문 / 제

본문을 참조하여 다음 문장을 러시아어로 옮기시오.

❶ 작년에 우리는 은행에서 신용 대출을 받았습니다.

⇨ ....

❷ 누가 호텔의 소유주입니까?

⇨ ....

❸ 당신 사업의 성공을 위해 축배를 들고 싶습니다.

⇨ ....

❹ "주민을 위한 최대한의 서비스"-이것이 우리의 신조이다.

⇨ ....

❺ 우리는 회사에 많은 돈을 투자했습니다.

⇨ ....

УРОК 10

Коммерческое письмо

비즈니스 편지

№ 6187-09/625   25 марта 2016 г.

Генеральному директору
«Юсон-оптик»
C.P.O. Box 100
Сеул, Южная Корея

Уважаемый мистер Пак!

Во время переговоров в Москве с Вашим представителем мистером Кимом мы просили выяснить возможность дополнительной поставки трёх разрывных машин ЦД-20 Пу.
   Просим в возможно короткий срок сообщить, сможете ли Вы поставить нам эти машины в третьем квартале с. г. Если это возможно, то просим оформить контракт и направить его нам на подписание.

С уважением
Заместитель председателя объединения
«Машиноимпорт»
/В. Петров/

단어와 어구

представи́тель [남] 대표자, 대리인
выясня́ть [불완] **вы́яснить** [완] 밝히다, 해명하다
возмо́жность [여] 가능성
дополни́тельный 추가의, 보충의
поста́вка [여] 공급, 납품 **поста́вить** [완] 공급하다
разрывна́я маши́на [여] 절단기
срок [남] 기간
   в возмо́жно коро́ткий срок 가능한 빠른 시일 내에
сообща́ть [불완] **сообщи́ть** [완] 알리다, 통지하다
кварта́л [남] 4분기, 구, 구역
   с.г. сего́ го́да의 약자, 이해의
оформля́ть [불완] **офо́рмить** [완] 법률상으로 효과를 내게 하다, (계약서, 문서 등을) 작성하다
подписа́ние [중] 서명, 체결
замести́тель [남] 대리자, 차석자
председа́тель [남] 회장, 의장

ОТВЕТ

«Машиноимпорт» 20 апреля 2016 . г.

Москва г-200

Смоленская пл. 32/34

Кас.: Вашего письма от 25 марта с.г.

С благодарностью подтверждаем получение Вашего вышеупомянутого письма, в котором Вы просите нас рассмотреть возможность дополнительной поставки разрывных машин ЦД-20 Пу.

К сожалению, мы вынуждены сообщить Вам, что у нас больше нет возможности дополнительной поставки вышеупомянутых машин, так как наши заводы уже полностью загружены заказами на 3-4 кварталы с.г.

Если Ваши клиенты заинтересованы в доставке этих машин в 1 квартале следующего года, просим об этом срочно сообщить нам.

С уважением
Генеральный директор
«Юсон-оптик»
/Намсу Пак/

단어와 어구

благода́рность [여] 감사, 사의
подтвержда́ть [불완] **подтверди́ть** [완] 확인하다, 보증하다
вышеупомя́нутый 상기의, 위에 언급한
 вышеука́занный와 같은 뜻
рассма́тривать [불완] **рассмотре́ть** [완] 검토하다, 심사하다
вы́нужденный 부득이한, 해야만하는
по́лностью 완전히, 남김없이, 최대한
загру́женный 업무가 부과된, 가동되는 (загрузи́ть의 피동형동사)
зантересова́ть 관심이 있다, 흥미가 있다
кас. каса́ется ~에 대한 (답장, 편지)

해설

1 상업편지 양식

Схема коммерческого письма

① Наименование и адрес организации-отправителя
(발송자의 상호와 주소)

② № (или пометка) (편지번호 또는 기호)   Дата (발신일)

③ Наименование и адрес получателя
(수신자의 상호와 주소)

④ Кас.
(편지의 제목, 주소)

⑤ Текст письма
(편지의 본문)

⑥ Форма вежливости
(경의 표시)

⑦ Наименование организации или предприятия (상호)
Подпись (서명)

⑧ Приложения
(첨가 사항)

2 봉투에 주소 쓰는 방법

① Го́род(도시), и́ндекс(우편번호)
② О́бласть, райо́н(주, 도)
③ у́лица (пло́щадь, проспе́кт, переу́лок) (거리, 광장, 대로, 골목)
④ Дом №, ко́рпус №, кварти́ра №(동, 호)
⑤ Фами́лия, инициа́лы(성, 이니셜)
⑥ Страна́(나라)

* 상업편지에서는 상호가 제일 위에 올 수 있다.

* 거리 이름의 약어

пр. – проспе́кт(대로), ул. – у́лица(거리), пер. – переу́лок(골목), пл. – пло́щадь(광장), б-р. – бульва́р(가로수길), наб. – на́бережная(해안길), ш. – шоссе́(고속도로), д. – дом(동), кв. – кварти́ра(호), кор. – ко́рпус(동)

3 상업편지 서두에 쓰는 문장의 예

① Мы получи́ли Ва́ше письмо́ от 10 апре́ля с.г.
② Сего́дня (вчера́) мы получи́ли Ваше письмо́ от 12 ма́рта вме́сте с приложе́нными к нему́ докуме́нтами.
③ Настоя́щим подтвержда́ем получе́ние Ва́шего письма́ от 3 мая с.г.
④ Подтвержда́ем получе́ние Ва́шего письма́ от 15 ноября́ и сообща́ем Вам, что...
⑤ С благода́рностью подтвержда́ем получе́ние Ва́шего письма́ от... и принима́ем к све́дению Ва́ши сообще́ния о...
⑥ Подтвержда́ем поступле́ние Ва́шего письма́ от... со все́ми приложе́ниями...
⑦ Про́сим подтверди́ть получе́ние на́шего письма́ от... и сро́чно сообщи́ть нам о...
⑧ Ссыла́ясь на Ва́ше письмо́ от 10 ноября́ и на на́ши перегово́ры с Ва́шим представи́телем М. от 15 ноября́, мы сообща́ем Вам, что у нас нет...
⑨ В отве́т на Ва́ше письмо́ от... про́сим Вас ещё раз прове́рить...
⑩ В связи́ с Ва́шим письмо́м (Ва́шей про́сьбой) сообща́ем Вам, что мы в ближа́йшие дни...
⑪ Настоя́щим (при э́том) направля́ем Вам по жела́нию заказно́й бандеро́лью наш нове́йший прейскура́нт, а та́кже подро́бные чертежи́ сбо́рки маши́н...

⑫ При э́том высыла́ем Вам запро́шенные Ва́ми катало́ги.

⑬ В ближа́йшие дни вы́шлем Вам заказны́м письмо́м (авиапо́чтой) необходи́мую Вам (запро́шенную Ва́ми) документа́цию.

4 상업편지 본문의 예

① В отве́т на Ва́ше письмо́ от 25 ма́рта, ссыла́ясь на телефо́нный разгово́р с Ва́шим представи́телем господи́ном К. от 10 февраля́, высыла́ем Вам отде́льной по́чтой заказно́й бандеро́лью запро́шенные Ва́ми иллюстри́рованные катало́ги, а та́кже подро́бное техни́ческое описа́ние и чертежи́ станка́ В-104. Це́ны на станки́ ука́заны в катало́ге. В ожида́нии Ва́шего ско́рого отве́та.

С уваже́нием

② Настоя́щим сообща́ем Вам, что э́ти изде́лия мо́гут быть поста́влены Вам в тече́ние двух – трёх ме́сяцев со дня заключе́ния контра́кта. Минима́льные (преде́льные) це́ны в катало́ге ука́заны на изде́лие со все́ми необходи́мыми принадле́жностями, включа́я сто́имость упако́вки. Мы с интере́сом ожида́ем Ва́шего зака́за.

С уваже́нием

③ Мы о́чень заинтересо́ваны в заку́пке Ва́шей маши́ны и поэ́тому про́сим Вас сообщи́ть нам о минима́льных це́нах, сро́ке поста́вки, усло́виях гара́нтии и о да́нных мо́щности.

Про́сим та́кже сообщи́ть (нам), возмо́жна ли поста́вка э́той маши́ны уже́ в 1 кварта́ле с.г.

Наде́емся на сро́чный отве́т.

С уваже́нием

④ Благодари́м Вас за Ва́ше письмо́ от... и сообща́ем, что мы в настоя́щее вре́мя име́ем на скла́де как шерстяны́е, так и шёлковые тка́ни вы́сшего ка́чества.

На́ши усло́вия платежа́ и поста́вки остаю́тся таки́ми же, как и по зака́зу от...

О Ва́шем реше́нии про́сим нас проинформи́ровать.

С уваже́нием

5 상업편지의 맺음말로 쓰는 표현

① В ожидáнии Вáшего (скóрого) отвéта остаёмся.

                С уважéнием

② Мы ожидáем Вáшего отвéта в ближáйшие дни.

                С уважéнием

③ В ожидáнии Вáшего скóрого отвéта (Вáших сообщéний, Вáшего письмá).

                С уважéнием

④ Надéемся, что Вы испóлните нáшу прóсьбу (что Вы пойдёте нам навстрéчу).

                С уважéнием

⑤ Надéемся на скóрый отвéт.

                С уважéнием

⑥ В надéжде на благоприя́тное решéние нáшего вопрóса (на Вáше пóлное соглáсие, на скóрый отвéт).

                С уважéнием

⑦ Мы сдéлали всё зави́сящее от нáс.

                С уважéнием

⑧ Убеди́тельно прóсим Вас не задéрживать отвéт.

              С глубóким уважéнием

⑨ Прóсим извини́ть нас за задéржку с отвéтом (за допýщенную оши́бку).

                С уважéнием

⑩ Благодари́м Вас зарáнее за услýгу.

                С уважéнием

연 / 습 / 문 / 제

본문을 참조하여 다음 문장을 러시아어로 옮기시오.

❶ 이 기계들의 추가 공급 가능성을 검토해 주시기를 부탁합니다.

⇨ ....

❷ 이 기계들을 3사분기에 우리에게 공급하는 것이 가능합니까?

⇨ ....

❸ 우리는 당신이 3월 10일에 발송한 편지를 받았습니다.

⇨ ....

❹ 유감스럽게도 우리는 이 기계들이 더 이상 없다는 사실을 당신에게 알립니다.

⇨ ....

❺ 우리 공장은 주문량을 공급하기 위해 풀 가동을 하고 있습니다.

⇨ ....

❻ 우리 고객들은 이 기계의 공급에 관심을 갖고 있습니다.

⇨ ....

❼ 당신의 답장을 기다리며 이만 줄입니다.

⇨ ....

УРОК 11

Посещение завода

공장 방문

Пак	Вы хоте́ли посмотре́ть заво́д, изготовля́ющий для вас обору́дование, мистер Белов?
Бел.	Да, я был бы о́чень призна́телен, е́сли бы вы организова́ли мне посеще́ние заво́да-изготови́теля.
Пак	Это возмо́жно. Мы мо́жем показа́ть вам заво́д в Суво́не. Это один из на́ших крупне́йших заво́дов.
Бел.	Это бы́ло бы прекра́сно. Я мно́го слы́шал об организа́ции обуче́ния специали́стов на э́том заво́де.
Пак	Мы мо́жем показа́ть вам основны́е цеха́ и зате́м побесе́довать в кабине́те гла́вного инжене́ра.
Бел.	Хорошо́. Ско́лько рабо́чих за́нято на заво́де?
Пак	Приблизи́тельно 8 ты́сяч.
Бел.	Вы применя́ете совреме́нную техноло́гию. Не сли́шком ли мно́го рабо́чих за́нято на за́воде?
Пак	Нет, е́сли приня́ть во внима́ние годово́й объём выпуска́емой проду́кциии её ассортиме́нт. Факти́чески в большинстве́ цехо́в высо́кий у́ровень автоматиза́ции, как вы уви́дите.

◁ 단어와 어구 ▷

изготовля́ть [불완] **изгото́вить** [완] 만들다, 제조하다
обору́дование [중] 설비, 장치 **произво́дство** [중] 생산
усло́вия [복] 조건, 환경 **обуче́ние** [중] 교육
цех [남] 전문공장, 독립공장 **це́хи** (또는 цеха́) [복]
кабине́т [남] 사무실
приблизи́тельно 대략적으로, 약

применя́ть [불완] **примени́ть** [완] 사용하다, 적용하다
техноло́гия [여] 기술
объём [남] 규모, 양, 크기
годово́й объём выпуска́емой проду́кции 연간생산량
ассортиме́нт [남] 품목, 품종

응용회화

Пак　Рад приве́тствовать вас на на́шем заво́де, ми́стер Бело́в.

Бел.　Я рад побыва́ть у вас. Заво́д произвёл на меня́ о́чень хоро́шее впечатле́ние. Как я понима́ю, заво́д рабо́тает с по́лной загру́зкой.

Пак　Да, у нас мно́го зака́зов. Как для вну́тренних нужд, так и на э́кспорт.

Бел.　Кака́я-нибудь часть рабо́ты выполня́ется субпоставщика́ми?

Пак　Нет, мы по́лностью обслу́живаем свои́ потре́бности. У нас есть лаборато́рии, отде́л контро́ля за ка́чеством, упако́вочный цех – всё здесь.

Бел.　Вы давно́ изготовля́ете но́вую моде́ль?

Пак　Да, мы внедри́ли но́вую техноло́гию и в про́шлом году́ на́чали произво́дство но́вой моде́ли. На́ши проектиро́вщики не отстаю́т от тре́бований совреме́нной техноло́гии.

단어와 어구

приве́тствовать [불완] 환영하다
впечатле́ние [중] 인상
　произвести́ хоро́шее впечатле́ние 좋은 인상을 남기다
загру́зка [여] 조업, 하중
нужда́ [여] 수요, 필요, 결핍
вну́тренняя нужда́ 내수

субпоста́вщик [남] 하청인, 하청공장
упако́вочный 포장의 **упако́вка** [여] 포장
контро́ль за ка́чеством 품질관리
внедря́ть [불완] **внедри́ть** [완] 정착시키다, 도입하다
проектиро́вщик [남] 설계자, 디자이너
тре́бование [여] 요구, 수요, 필요

해설

공장 견학에 쓰이는 표현

- Мы хоте́ли бы (Не могли́ бы мы) посети́ть заво́д.
  우리는 공장을 방문하고 싶습니다.

- Како́в о́бщий годово́й объём выпуска́емой проду́кции?
  연간 생산량이 얼마나 됩니까?

- Потребле́ние эне́ргии – ...в год.
  1년 전력사용량은 …입니다.

- Ско́лько рабо́чих за́нято на заво́де?
  공장의 직원 수가 얼마나 됩니까?

- Како́е сырьё вы испо́льзуете?
  어떤 원료를 사용합니까?

- На на́шем заво́де высо́кий у́ровень автоматиза́ции.
  공장은 기계화 되어 있고 자동화율도 아주 높습니다.

- Заво́д рабо́тает с по́лной загру́зкой.
  공장은 설비를 풀가동하고 있습니다.

- Ча́сть проду́кции произво́дится субпоставщика́ми.
  생산량의 일부는 하청업체에서 만들어집니다.

- Контро́ль за ка́чеством – о́чень суще́ственный фа́ктор.
  품질관리는 아주 중요한 사안입니다.

- Мы гаранти́руем ка́чество на у́ровне мировы́х станда́ртов.
  우리는 세계수준의 품질을 보장합니다.

- Мы рабо́таем в три восьми часовы́х сме́ны.
  우리는 1일 3교대로 작업합니다.

Структура народного хозяйства

Промышленность подразделяется на две группы: на отрасли тяжёлой промышленности и на отрасли лёгкой и пищевой промышленности. Тяжёлая индустрия производит средства производства, лёгкая и пищевая – предметы потребления. К тяжёлой промышленности относятся энергетика, металлургия, машиностроение, химическая и лесная промышленность. Каждая крупная отрасль тяжёлой индустрии делится на более мелкие. Так например, энергетика состоит из топливной промышленности и электро энергетики. В лёгкой промышленности выделяются текстильная, обувная, меховая и другие отрасли. К отраслям пищевой промышленности относятся молочная, мясная промышленность и другие отрасли.

По особенностям использования природных ресурсов промышленность делится на добывающую и обрабатывающую. В состав крупных отраслей входят отрасли как добывающей, так и обрабатывающей промышленности. Например, в химической промышленности выделяется горно-химическая промышленность, ведущая добычу минерального сырья, в чёрной металлургии выделяется железорудная промышленность. Горно-химическая промышленность и железорудная промышленность – это отрасли добывающей промышленности.

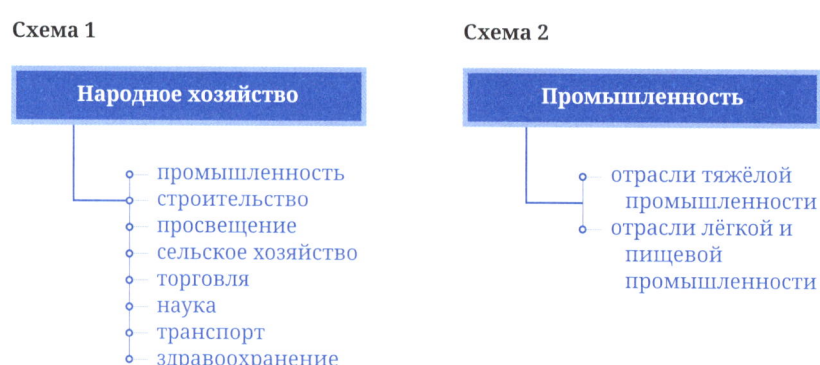

Схема 3
Тяжёлая промышленность
- энергетика
- машиностроение
- лесная промышленность
- металлургия
- химическая промышленность

Схема 4
Энергетика
- топливная промышленность
- электроэнергетика

Схема 5
Лёгкая промышленность
- текстильная
- меховая
- обувная промышленность
- другие отрасли лёгкой промышленности

Схема 6
Пищевая промышленность
- молочная
- мясная промышленность
- другие отрасли пищевой промышленности

단어와 어구

промы́шленность [여] 산업, 공업
тяжёлая ~ 중공업 **лёгкая** ~ 경공업
пищева́я ~ 식품공업 **лесна́я** ~ 임업
хими́ческая ~ 화학공업 **моло́чная** ~ 낙농업
мясна́я ~ 육가공업 **добыва́ющая** ~ 채취공업
обраба́тывающая ~ 가공공업 **железору́дная** ~ 제철공업
горно-хими́ческая ~ 광업
то́пливная ~ 연료공업 **то́пливо** [중] 연료
тексти́льная ~ 섬유공업 **тексти́ль** [여] 직물, 섬유제품
мехова́я ~ 모피공업 **мех** [남] 모피
обувна́я 신발공업 **о́бувь** [여] 신발
се́льское хозя́йство [중] 농업 **тра́нспорт** [남] 교통, 운수
строи́тельство [중] 건축, 건축업 **то́рговля** [여] 상업, 거래
нау́ка [여] 과학, 학문 **просвеще́ние** [중] 교육

здравоохране́ние [중] 보건
энерге́тика [여] 에너지, 동력
металлу́ргия [여] 야금・금속공업
машиностро́ение [중] 기계공업
электроэнерге́тика [여] 전력
подразделя́ться [불완] 다시 나뉘어지다
гру́ппа [여] 그룹, 집단 **о́трасль** [여] 분과, 부문
инду́стрия [여] 공업 **сре́дство** [중] 수단, 방법
произво́дство [중] 생산 **производи́ть** [불완] 생산하다
потребле́ние [중] 요구, 수요
дели́ться [불완] **раздели́ться** [완] 나뉘어지다
ме́лкий 작은, 소규모의 **осо́бенность** [여] 특질, 특수성
приро́дные ресу́рсы [복] 자연자원
добы́ча [여] 획득, 채취 **сырьё** [중] 원료

연 / 습 / 문 / 제

본문을 참조하여 다음 문장을 러시아어로 옮기시오.

❶ 우리는 당신들에게 주요 공장들을 보여줄 수 있습니다.

⇨ ....

❷ 공장에는 몇 명의 직원이 일하고 있습니까?

⇨ ....

❸ 우리 공장은 높은 수준으로 자동화가 되어있습니다.

⇨ ....

❹ 우리 공장에 오신 것을 환영합니다.

⇨ ....

❺ 공장은 나에게 좋은 인상을 주었습니다.

⇨ ....

❻ 우리에게는 수출 주문량이 많습니다.

⇨ ....

❼ 우리는 3교대로 작업합니다.

⇨ ....

УРОК 12

Переговоры I

비즈니스 상담 I

Я хочу́ рассказа́ть вам, как обы́чно прово́дятся переговоры.

До нача́ла переговоров зака́зчики узнаю́т сто́имость това́ра на мирово́м ры́нке. Пото́м они́ устана́вливают конта́кты с фи́рмами, компа́ниями, кото́рые э́тот това́р произво́дят. Как пра́вило, зака́зчики встреча́ются с бу́дущими исполни́телями. Когда́ предвари́тельные переговоры зака́нчиваются, зака́зчики реша́ют, како́й фи́рмой они́ бу́дут заключа́ть контра́кт. Пото́м они́ начина́ют переговоры с э́той фи́рмой с це́лью составле́ния прое́кта контра́кта.

Нельзя́ затя́гивать переговоры, потому́ что э́то не вы́годно никому́. Переговоры мо́жно провести в три-четы́ре неде́ли, да́же е́сли существу́ют разногла́сия ме́жду сторона́ми по усло́виям контра́кта. Коне́чно, зака́зчик всегда́ стара́ется сни́зить це́ны. Но и исполни́тель то́же заинтересо́ван в том, что́бы заключи́ть вы́годную сде́лку. Быва́ет и так, что переговоры веду́тся с не́сколькими фи́рмами одновреме́нно.

단어와 어구

проводи́ть [불완] **провести́** [완] 행하다, 실시하다, 수행하다
ры́нок [남] 시장
　мирово́й ~ 세계시장
　вне́шний ~ 해외시장
　вну́тренний ~ 국내시장
как пра́вило 보통, 통상, 통례로
предвари́тельные переговоры 예비교섭, 사전교섭
зака́нчиваться [불완] **зако́нчиться** [완] 끝나다, 완성되다
составле́ние [중] 구성, 조립, 조합
затя́гивать [불완] **затяну́ть** [완] (사건을) 오래끌다, 질질끌다
разногла́сие [중] (의견 따위의) 불일치, 의견이 구구한것

стара́ться [불완] **постара́ться** [완] 힘쓰다, 노력하다
снижа́ть [불완] **сни́зить** [완] 내리다, 낮추다
заинтересо́ванный 이해관계를 갖다, 관심이 있는, 흥미가 있는
сде́лка [여] 거래, 협정
　вы́годная ~ 유리한 거래
　заключи́ть –ку 계약을 맺다
быва́ть [불완] 자주 · 때때로 있다, 일어나다
вести́сь [완 · 불완] 실시되다, 행해지다
одновреме́нно 동시에

확 / 인 / 문 / 제 1

본문을 참조하여 다음 물음에 답하시오.

❶ О чём узнаю́т зака́зчики до нача́ла перегово́ров?

⇨ ....

❷ Зака́зчики встреча́ются с представи́телями одно́й или не́скольких фирм?

⇨ ....

❸ Когда́ зака́зчики реша́ют подписа́ть контра́кт с фи́рмой?

⇨ ....

❹ С како́й це́лью они́ начина́ют перегово́ры?

⇨ ....

❺ Ско́лько вре́мени продолжа́ются перегово́ры?
   Почему́ они́ мо́гут затя́гиваться?

⇨ ....

❻ Каки́е пробле́мы реша́ют на ка́ждом эта́пе перегово́ров?

⇨ ....

❼ Каки́е пра́вила ну́жно соблюда́ть при заключе́нии контра́кта?

⇨ ....

Переговоры I

독해 연습

Процесс переговоров

Процесс переговоров состоит из четырёх этапов.

На первом этапе фирма приглашает сделать заявку на контракт. Приглашение поступает от заказчиков. Они сообщают фирме-продавцу или фирме-исполнителю, что их оборудование или технологии удовлетворяют покупателей.

На втором этапе переговоров заказчики просят представителей фирмы рассказать о технических характеристиках данного оборудования (сделать техническое представление товара). Поэтому во втором этапе обычно участвуют эксперты. Они рекомендуют заказчикам лучшую фирму-исполнителя.

На третьем этапе, как только заказчики решат подписать контракт с конкретной фирмой, проводится второе техническое обсуждение. На этом этапе покупатель или заказчик должен убедиться, что оборудование, которое он покупает, будет удовлетворять его требованиями будет функционировать эффективно.

На четвёртом этапе продавец и покупатель договариваются об окончательной цене, об условиях поставки, страховании, об обязательствах сторон, условиях работы персонала. Другими словами, переговоры ведутся по отдельным пунктам контракта. Когда стороны договариваются об условиях поставки, нужно соблюдать правила международной торговли (ФОБ, ФАС, КАФ, СИФ).

단어와 어구

процесс [남] 과정, 추이
состоять [불완] **из кого-чего** 구성되다
этап [남] (발전·진전의) 단계
заявка [여] 신청, 신청서
подавать заявку (заявление) на что ~을 신청하다
поступать [불완] **поступить** [완] 입수되다, 들어오다
технология [여] 기술
удовлетворять [불완] **удовлетворить** [완] 만족시키다
характеристика [여] 특징, 성격, 평가
участвовать [불완] 참여하다, 관심을갖다
рекомендовать [완·불완] 추천·천거하다, 소개하다
конкретный [형] 구체적인, 실제적인
убеждаться [불완] **убедиться** [완] 확인하다, 확신하다

требование [중] 요구, 주문
функционировать [불완] 작용하다, 기능을 수행하다, 직무를 행하다
эффективно [부] 효과적으로, 효율적으로
страхование [중] 보험
　имущества от огня 화재보험
　от несчастных случаев 재해보험
финансирование [중] 자금의 공급·융통
персонал [남] 직원, 요원, 총원
соблюдать [불완] **соблюсти** [완] 지키다, 준수하다, 올바로 이행하다
ФОБ (free on board: FOB) 본선인도가격
ФАС (free alongside ship: FAS) 선측인도가격
КАФ (cost and freight: C&F) 운임가산가격
СИФ (cost insurance and freight: CIF) 보험료운임포함가격

응용 회화

Н.Петрович Господи́н Пак, вы разгова́ривали по телефо́ну с президе́нтом ва́шей компа́нии?
Пак Да, я разгова́ривал с господи́ном Ки́мом.
Н.П. Вы сказа́ли ему́, когда́ начина́ются перегово́ры?
Пак Да, коне́чно. Он то́же бу́дет уча́ствовать в перегово́рах, поэ́тому за́втра прилети́т в Москву́.
Н.П. Когда́ он прилети́т в Москву́? В како́е вре́мя? Мы должны́ встре́тить его́.
Пак Самолёт прилета́ет в 12 часо́в по моско́вскому вре́мени.
Н.П. Вы уже́ заброни́ровали но́мер в гости́нице?
Пак Да. А тепе́рь пойдёмте спать. За́втра нам ну́жно встать ра́но. Споко́йной но́чи.
Н.П. Споко́йной но́чи.

확 / 인 / 문 / 제 2

다음 물음에 답하시오.

❶ О чём Николай Петрович спросил господина Пака?

⇨ _____

❷ Знает ли господин Ким, когда начинаются переговоры?

⇨ _____

❸ Когда он прилетит в Москву?

⇨ _____

❹ Почему господин Ким приезжает в Москву?

⇨ _____

독해 연습

Структура сельского хозяйства

Се́льское хозя́йство состои́т из мно́гих о́траслей, производя́щих разли́чные проду́кты. Основны́ми, са́мыми кру́пными о́траслями се́льского хозя́йства явля́ются растениево́дство (земледе́лие) и животново́дство. Эти две кру́пные о́трасли состоя́т в свою́ о́чередь из бо́лее ме́лких о́траслей, кото́рые отлича́ются друг от дру́га свое́й това́рной проду́кцией.

Осно́ву всего́ сельскохозя́йственного произво́дства составля́ет растениево́дство, кото́рое даёт пи́щу челове́ку, корм для скота́, сырьё для промы́шленности. Растениево́дство включа́ет в себя́ 6 основны́х о́траслей: 1) выра́щивание зерновы́х культу́р-пшени́цы, ри́са, кукуру́зы и други́х; 2) произво́дство техни́ческих культу́р: хло́пка, льна, са́харной свёклы, подсо́лнечника и други́х; 3) овощево́дство; 4) плодово́дство; 5) виногра́дарство и 6) произво́дствокормо́в.

Втора́я кру́пная о́трасль се́льского хозя́йства – животново́дство. Основны́е о́трасли животново́дства – э́то разведе́ние кру́пного рога́того скота́, свиново́дство, овцево́дство, птицево́дство, оленево́дство, зверово́дство. У́ровень разви́тия животново́дства во мно́гом зави́сит от растениево́дства, кото́рое даёт корм для всех ви́дов сельскохозя́йственных живо́тных. Животново́дство обеспе́чивает челове́ка наибо́лее каллори́йными проду́ктами и даёт сырьё для промы́шленности.

Схема 1

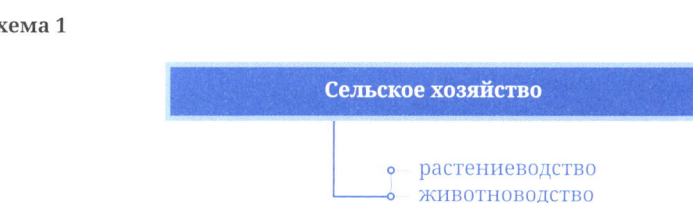

Схема 2

Растениеводство

- зерновое производство
- производство технических культур
- овощеводство
- плодоводство
- производство кормов
- виноградарство

Схема 3

Животноводство

- разведение крупного рогатого скота
- свиноводство
- овцеводство
- звероводство
- оленеводство
- птицеводство

단어와 어구

состоя́ть (из) ~로 구성되다
разли́чный 다양한, 여러 종류의
растениево́дство [중] 농업식물 재배
животново́дство [중] 축산업 **пи́ща** [여] 식품, 식량
корм [남] 사료 **скот** [남] 가축
выра́щивание [중] 사육, 양육
зернова́я культу́ра [여] 곡식류
пшени́ца [여] 밀 **рис** [남] 쌀
кукуру́за [여] 옥수수

лён [남] 아마
хло́пок [남] 목화
са́хар [남] 설탕 **свёкла** [여] 사탕무
подсо́лнечник [남] 해바라기
рога́тый 뿔이달린 **рог** [남] 뿔
свини́на [여] 돼지고기 **овца́** [여] 암양
пти́ца [여] 새 **оле́нь** [남] 사슴
зверово́дство [중] 모피용 짐승의 사육
кало́рия [여] 칼로리

연 / 습 / 문 / 제

본문을 참조하여 다음 문장을 러시아어로 옮기시오.

❶ 협상이 시작되기 전까지 주문자는 세계 시장의 상품 가격을 알아본다.

⇨ _____

❷ 주문자는 언제나 가격을 낮추려고 노력한다.

⇨ _____

❸ 공급자는 유리한 거래를 달성하는 데 관심이 있다.

⇨ _____

❹ 전문가들은 가장 좋은 공급회사를 주문자에게 추천한다.

⇨ _____

❺ 이 설비는 구매자의 요구조건을 만족시킬 것이다.

⇨ _____

❻ 판매자와 구매자는 최종가격과 공급조건에 대해 합의했다.

⇨ _____

УРОК 13

Переговоры II

비즈니스 상담 II

1 этап переговоров

1 заказчик — Мы интересуемся коммерческими операциями вашей фирмы.

2 заказчик — Мы хотим установить с вашей фирмой экономические связи.

3 заказчик — Мы хотели бы подписать контракт с вашей фирмой. Нашему банку нужны ваши персональные компьютеры.

1 зак. — Нас также интересует программное обеспечение для персональных компьютеров.

Пак — Наша фирма имеет такие программы. Мы можем предложить вам новейшую модель и программное обеспечение, которое мы разработали.

Н.Петрович — Надеемся, что они будут отвечать вашим требованиям.

2 зак. — А мы можем получить подробную информацию по этой модели?

Пак — Конечно. На нашей следующей встрече мы сделаем техническое представление этой модели.

Н.П. — Я предлагаю второй этап переговоров провести в московском представительстве нашей компании.

단어와 어구

операция [여] 거래·매매 등의 사무
связь [여] 관계, 연관
обеспечение [중] 공급, 조달, 보급
пользоваться [불완] воспользоваться [완] 이용·사용하다
с помощью 도움으로, 조력을 얻어서
включаться [불완] включиться [완] 들다, 가입하다, 참가하다

сеть [여] 망
новейший 최신의 (новый의 최상급)
модель [여] 모델, 형
разрабатывать [불완] разработать [완] 만들다, 작성하다
надеяться [불완] 기대하다, 바라다, 희망하다
подробный 상세한, 정밀한

확 / 인 / 문 / 제 1

다음 물음에 답하시오.

❶ Чем интересу́ются зака́зчики?

　⇨ ....

❷ Что они хоте́ли бы подписа́ть? Почему́?

　⇨ ....

❸ Что мо́жно сде́лать с по́мощью компью́теров фи́рмы Пака?

　⇨ ....

❹ Когда́ зака́зчики полу́чат подро́бную информа́цию по моде́ли компью́тера, кото́рую они́ хотя́т покупа́ть?

　⇨ ....

❺ Где состои́тся сле́дующая встре́ча?

　⇨ ....

독해 연습

2 и 3 этапы переговоров

3 зак.	Вы уже́ да́ли техни́ческую документа́цию э́той моде́ли на́шему экспе́рту?
Пак	Коне́чно. Мы да́ли ему́ подро́бное описа́ние э́той моде́ли, прое́ктную характери́стику, ме́тоды испо́льзования и характери́стику возмо́жностей э́того компью́тера.
Н.П.	Сего́дня он познако́мит вас с э́той документа́цией и даст своё заключе́ние.
1 зак.	Чем но́вая моде́ль отлича́ется от ста́рой?
Пак	Она́ отлича́ется как вне́шними, так и вну́тренними характери́стиками. Объём компью́тера ме́ньше. Мы та́кже замени́ли не́которые микросхе́мы, дета́ли.
Эксперт	Име́ются ли в ва́шем компью́тере заи́мтсованные дета́ли?
Пак	Да. Мы испо́льзовали не́которые микросхе́мы фи́рмы «Oracle».
Эксперт	Мы ознако́мились с техни́ческой документа́цией, кото́рую вы для нас подгото́вили. Нас удовлетворя́ют прое́ктные характери́стики, ме́тоды испо́льзования и возмо́жности э́той моде́ли компью́тера.
2 зак.	Мы бы хоте́ли обсуди́ть отде́льные пу́нкты контра́кта. Когда́ э́то возмо́жно?
Ким	Я ду́маю, не ну́жно откла́дывать в до́лгий я́щик. Начнём обсужде́ние за́втра?
3 зак.	Извини́те, но на́ши представи́тели не смо́гут за́втрау ча́ствовать в перегово́рах. Нельзя́ ли перенести́ обсужде́ние на сле́дующую неде́лю?
Ким	Хорошо́. Мы согла́сны с ва́шим предложе́нием. Продо́лжим на сле́дующей неде́ле.

단어와 어구

документа́ция [여] 서류, 문서　**описа́ние** [중] 기술, 기록
ме́тод [남] 방법, 방식
отлича́ться от кого́-чего́ [불완] ~와 차이가 있다, 특색을 지니다
объём [남] 크기
заменя́ть [불완] **замени́ть** [완] 바꾸다, 대신하다, 교체하다
микросхе́ма [여] 집적회로　**дета́ль** [여] 부품
заи́мствованный (피동형동사 과거) 차용된
ознакомля́ться [불완] **ознако́миться** [완] 조사하다
окла́дывть [불완] **отложи́ть** [완] 연기·연장하다
　– в до́лгий я́щик 질질 끌다, 연장하다

Переговоры II

확 / 인 / 문 / 제 2

다음 물음에 답하시오.

❶ Что такóе «техни́ческая документáция»?

   ⇨

❷ Почемý закáзчики должны́ познакóмиться с техни́ческой документáцией оборýдования, товáра и т.д.?

   ⇨

❸ Кто рекоменду́ет закáзчику заключáть или не заключáть контрáкт?

   ⇨

❹ Каки́е вопрóсы задавáли закáзчики представи́телям фи́рмы?

   ⇨

❺ Какóе заключéние сдéлал экспéрт?

   ⇨

❻ Когдá начнётся обсуждéние отдéльных пýнктов контрáкта?

   ⇨

응용 회화

Н.П. Мистер Ким, вы хорошо говорите по-русски.

Ким Да, я изучаю русский язык уже два года.
Я думаю, что нужно знать язык страны, с которой торгуешь.

Н.П. Вы будете говорить на переговорах по-русски или нам нужен переводчик?

Ким Нет, спасибо. Мне не нужен переводчик.
Я уже не раз участвовал в переговорах в России.

Н.П. Тогда расскажите, пожалуйста, как проходят переговоры.

Ким Хорошо. Я расскажу вам об этом во время обеда.
А теперь пойдёмте в ресторан.

확 / 인 / 문 / 제 3

다음 물음에 답하시오.

❶ Почему́ ми́стер Ким счита́ет, что ну́жно изуча́ть иностра́нные языки́?

⇨ _____

❷ Почему́ ему́ не ну́жен перево́дчик во вре́мя перегово́ров?

⇨ _____

❸ О чём попроси́л господи́на Ки́ма Никола́й Петро́вич?

⇨ _____

❹ Когда́ ми́стер Ким расска́жет, как прохо́дят перегово́ры?

⇨ _____

독해 연습

Обсуждение цены

Один из важнейших вопросов, обсуждаемых партнёрами до подписания контракта, это вопрос цены. При установлении контрактных цен учитываются многие факторы, составляющие базис цены. Он определяет, какие расходы по поставке товара входят в цену товара. Это могут быть транспортные, складские и другие расходы. В цену может включаться также стоимость тары, упаковки, маркировки, погрузки и крепления груза в контейнере или вагоне, погрузки и укладки груза в трюм судна, возможная лихтеровка и т.п.

Цены увязываются с условиями поставки и обычно определяются как цены ФОБ, КАФ, СИФ и т.п.

Цены устанавливаются за единицу измерения товара, которая определяется характером товара (вес, объём, штуки, комплекты и т.п.)

В контракте обычно указывается, что цены являюся твёрдыми или подлежат какому-либо изменению, и устанавливаются условия и пределы таких изменений.

단어와 어구

контрактная цена [여] 계약가격
учитываться [불완] **учесться** [완] 계산에 넣다, 고려하다
фактор [남] 요소, 요인
базис [남] 기초, 근거
расход [남] 비용, 경비
склад [남] 창고
тара [여] 포장주머니
упаковка [여] 포장
маркировка [여] 상표부착

погрузка [여] 적재, 선적
контейнер [남] 콘테이너 **трюм** [남] 선창, 선착장
единица измерения [여] 측량단위
вес [남] 무게, 중량
объём [남] 용적, 용량
штука [여] 한개, 하나
комплект [남] 한벌, 한조
предел [남] 한계, 한도

연 / 습 / 문 / 제

본문을 참조하여 다음 문장을 러시아어로 옮기시오.

❶ 우리 은행은 당신 회사의 컴퓨터가 필요합니다.

⇨ ....

❷ 이 모델에 대한 구체적 정보를 얻을 수 있을까요?

⇨ ....

❸ 새 모델은 구 모델과 어떤 점이 다릅니까?

⇨ ....

❹ 우리는 계약의 각 항목에 대해 논의하고 싶습니다.

⇨ ....

❺ 우리는 당신의 제안에 동의합니다.

⇨ ....

❻ 당신은 상담 때 통역이 필요합니까?

⇨ ....

УРОК 14

Переговоры III

비즈니스 상담 III

4 этап переговоров

Ким	Господа́, вы ознако́мились вчера́ с на́шим прое́ктом контра́кта. Вы согла́сны с усло́виями, кото́рые мы предлага́ем?
3 зак.	Нет, не совсе́м. Мы хоте́ли бы ещё раз обсуди́ть це́ны, усло́вия платеже́й и поста́вки.
Пак	Хорошо́. Дава́йте обсу́дим ва́ши предложе́ния.
3 зак.	У нас есть замеча́ние по це́нам. Нам ка́жется, что вы не́сколько завы́сили це́ны.
1 зак.	По све́дениям на́ших экспе́ртов, ва́ши це́ны превыша́ют мировы́е це́ны на 3%.
2 зак.	Мо́жете ли вы сни́зить це́ны на 3%?
Пак	Нет, это невозмо́жно. На́ша проду́кция по не́которым показа́телям ка́чественнее аналоги́чной проду́кции изве́стных вам фирм.
Ким	Мы немо́жем согласи́ться с ва́шей про́сьбой о сниже́нии цен.
1 зак.	Я предлага́ю продо́лжить на́ши перегово́ры че́рез два дня.
Пак	Мы принима́ем ва́ше предложе́ние.

(через два дня)

Пак	Мы согла́сны пересмотре́ть на́ши це́ны.
Ким	Мы гото́вы возобнови́ть обсужде́ние цен. Мы указа́ли на́шу но́вую це́ну в прое́кте контра́кта. Пожа́луйста, посмотри́те.
3 зак.	Ва́ши це́ны ни́же на 2% и вы́ше мировы́х на 1%. Мы проси́ли вас о сниже́нии на 3%.
Пак	Но мы берём на себя́ выполне́ние не́которых пу́нктов контра́кта.
3 зак.	Хорошо́. Мы согла́сны с ва́шей но́вой ценой.
1 и 2 зак.	Мы не возража́ем.

단어와 어구

каза́ться [불완] ~로 여겨진다, 생각된다
завыша́ть [불완] завы́сить [완] 높이다, 많게 하다
све́дение [중] 보도, 보고, 정보
превыша́ь [불완] превы́сить [완] 넘다, 초과하다
показа́тель [남] 지표, 특성, 성능
ка́чественнее 더 질이 좋은

аналоги́чный 서로 비슷한, 유사한
про́сьба [여] 부탁, 의뢰
пересма́тривать [불완] пересмотре́ть [완] 다시 검사하다, 재토의하다
возобновля́ть [불완] возобнови́ть [완] 재개하다
ука́зывать [불완] указа́ть [완] 지시하다, 명시하다

확 / 인 / 문 / 제 1

다음 물음에 답하시오.

❶ Согла́сны ли зака́зчики с усло́виями контра́кта?

⇨ ....

❷ С каки́м пу́нктом контра́кта они́ несогла́сны? Почему́?

⇨ ....

❸ Хо́чет ли исполня́ющая сторона́ сни́зить це́ны?

⇨ ....

❹ Како́е предложе́ние сде́лал 1 зака́зчик и почему́?

⇨ ....

❺ Согласи́лись ли представи́тели фи́рмы пересмо́треть це́ны на второ́й в стре́че?

⇨ ....

❻ На ско́лько они́ сни́зили це́ны? Почему́?

⇨ ....

❼ Согласи́лись ли зака́зчики с но́вой цено́й?

⇨ ....

독해 연습

Продолжение переговоров

3 зак.	Мы предлага́ем обсуди́ть усло́вия платеже́й.
Ким	Мы не возража́ем. На́ша фи́рма произво́дит расчёты в свобо́дно конверти́руемой валю́те.
3 зак.	У нас нет возраже́ний. Мы согла́сны оплати́ть това́р в до́лларах США.
1 зак.	К сожале́нию, мы мо́жем оплати́ть 1/3 (одну́ тре́тью) часть в твёрдой валю́те и 2/3 (две тре́тьих) в рубля́х.
Пак	Мы не мо́жем согласи́ться с ва́шим предложе́нием.
Ким	Господи́н Пак, я ду́маю, что мо́жно предоста́вить э́тим зака́зчикам рассро́чку платеже́й. Вы согла́сны?
1 зак.	Да, нас устра́ивает тако́е предложе́ние.
2 зак.	Господи́н Ким, сейча́с у нас нет ну́жной су́ммы в валю́те. Мы хоте́ли бы получи́ть ба́нковский креди́т.
Ким	Я ду́маю, что мы мо́жем предоста́вить вам креди́т из ресу́рсов на́шей фи́рмы.
2 зак.	На каки́х усло́виях вы мо́жете предоста́вить креди́т?
Пак	Мы мо́жем предоста́вить креди́т на оди́н год из расчёта 10% годовы́х.
2 зак.	Нас э́то устра́ивает.
Ким	У меня́ вопро́с к пе́рвому зака́зчику. Скажи́те, пожа́луйста, когда́ вы опла́тите това́р?
1 зак.	Мы опла́тим това́р сра́зу по́сле отгру́зки. Мы согла́сны с ва́шими усло́виями платеже́й.

단어와 어구

обсужда́ть [불완] обсуди́ть [완] 토의하다, 심의하다
усло́вие [중] 조건, 약정, 계약
платёж [남] 지불
возража́ть [불완] возрази́ть [완] 반대하다, 이의를 말하다
производи́ть [불완] произвести́ [완] 행하다, 일으키다
 – платёж 지불하다
 – расчёт 계산하다
конверти́руемый конверти́ровать (태환하다)의 피동형 동사 현재
согла́сный 동의하는
твёрдая валю́та 경화
предоставля́ть [불완] предоста́вить [완] 맡기다, 위임하다

зака́зчик [남] 주문자
рассро́чка платежа́ 분할지불
плати́ть в рассро́чку на три го́да 3년 분할로 지불하다
купи́ть с рассро́чкой платежа́ 할부로 구입하다
устра́ивает ~에게 알맞다, 형편이 좋다
су́мма [여] 금액총액, 합계
ресу́рс [남] 재원
отгру́зка [여] (화물의) 발송
исполни́тель [남] 집행자, 실행자, 이행자
продаве́ц [남] 상인, 판매원
представи́тель [남] 대표자

확 / 인 / 문 / 제 2

다음 물음에 답하시오.

❶ Что предложи́л обсуди́ть на но́вой встре́че тре́тий зака́зчик?

⇨ _____

❷ Как произво́дит расчёты фи́рма-исполни́тель?

⇨ _____

❸ Все ли зака́зчики согла́сны с усло́виями платеже́й, кото́рые предлага́ет продаве́ц? Кто из них не согла́сен?

⇨ _____

❹ Что предложи́ли зака́зчикам представи́тели фи́рмы?

⇨ _____

❺ На каки́х усло́виях фи́рма мо́жет предоста́вить креди́т?

⇨ _____

❻ Когда́ пе́рвый зака́зчик опла́тит това́р?

⇨ _____

독해 연습

Условия поставки

3 зак.	Теперь мы хотели бы обсудить условия и сроки поставки.
1 зак.	Да, нас тоже интересуют сроки поставки.
Пак	Мы планируем начать поставки в январе будущего года.
3 зак.	К сожалению, мы не можем принять ваши условия поставки. Нашему банку компьютеры необходимы уже в этом году.
2 зак.	Сроки ваших поставок нас тоже не устраивают.
Пак	Мы не можем существенно изменить сроки поставок.
Ким	Я думаю, что мы можем сократить сроки поставок на несколько месяцев. Мы готовы пойти на встречу. Поставки начнутся к концу этого года. Возможно в ноябре.
1 зак.	Хорошо, нас устраивают эти сроки.
2 зак.	Как будут осуществляться поставки?
Ким	Мы будем поставлять компьютеры партиями.
2 зак.	Вы должны помнить, что если вы не выполните сроки поставок, то будете платить неустойку.
Пак	Мы обязуемся выполнить условия и не нарушить сроки поставки первой партии компьютеров в ноябре этого года.

단어와 어구

срок [남] 기일, 기한
　доставки 인도기일 **платежа** 지불기한
поставка [여] 납품, 공급, 용달
планировать [불완] **спланировать** [완] 계획을 세우다, 입안하다
принимать [불완] **принять** [완] 받아들이다, 승인하다
необходимый 불가결한, 꼭필요한, 불가피한
существенно 본질적으로
изменять [불완] **изменить** [완] 변경하다, 수정하다

сокращать [불완] **сократить** [완] 단축하다, 축소하다
идти на встречу 응하다, (공감·찬성하여) 조력하다
осуществлять [불완] **осуществить** [완] 실시·시행하다
партия [여] (상품·화물에 대해서) 1조(組)
　партиями 몇 부분으로 구분해서
выполнять [불완] **выполнить** [완] 수행하다, 완수하다, 이행하다
неустойка [여] 위약금, 해약금, 위약
обязываться [불완] **обязаться** [완] 의무를 지다
обязательство [중] 약속, 계약, 약정

확 / 인 / 문 / 제 3

다음 물음에 답하시오.

❶ Что обсуждáли продавцы́ и покупáтели на послéдней встрéче?

   ⇨

❷ Когдá фи́рма предложи́ла начáть постáвки компью́теров?

   ⇨

❸ Согласи́лись ли с э́тими срóками закáзчики?

   ⇨

❹ Готóва ли фи́рма пойти́ на встрéчу закáзчикам? Как представи́тели фи́рмы измени́ли своё решéние?

   ⇨

❺ Как фи́рма бу́дет осуществля́ть постáвки?

   ⇨

❻ Что заплáтит фи́рма, éсли не бу́дет выполня́ть срóки постáвок?

   ⇨

❼ Готóва ли фи́рма вы́полнить свои́ обязáтельства?

   ⇨

독해 연습

Полезные ископаемые СНГ

Надéемся СНГ обладáет разли́чными полéзными ископáемыми. Важнéйшие бассéйны добы́чи угля́ – Донéцкий, Кузнéцкий, Караганди́нский, Пéчорский.

Нефть добывáют в Зáпадной Сиби́ри, в Повóлжье, в Азербайджáне, на Сéверном Кавкáзе и в други́х райóнах страны́. Зáпадная Сиби́рь обладáет нéфтью, но освáивать этот райóн трýдно, так как прирóдные услóвия крáя óчень сурóвы. Уголь, нефть и газ – это горю́чие (энергети́ческие) полéзные ископáемые. Их испóльзуют как тóпливо и как сырьё для хими́ческой промы́шленности.

СНГ располагáет металли́ческими полéзными ископáемыми, котóрые называ́ются рýдами. Желéзную рудý добывáют в Криворóжском бассéйне, в Кýрской магни́тной аномáлии, на Урáле, в Казахстáне, в Востóчной Сиби́ри. Есть больши́е запáсы мáрганцевых руд, мéдных руд, полиметáллов и други́х металли́ческих ископáемых.

В СНГ есть многочи́сленные месторождéния неметалли́ческих ископáемых: сéры, апати́тов, фосфори́тов и мнóгих други́х. Неметалли́ческие ископáемые испóльзуют в хими́ческой промы́шленности, в произвóдстве строи́тельных материáлов, для произвóдства удобрéний.

단어와 어구

СНГ (Содрýжество Незави́симых Госудáрств) 독립국가연합
обладáть [불완] 갖다, 소유하다
ископáемое [중] 광물, 지하자원
бассéйн [남] 하천유역, 광물매장지대
ýголь [남] 석탄
нефть [여] 원유, 석유
добывáть [불완] **освóить** [완] 이용하다, 개발하다
сурóвый 혹독한, 거친

располагáть [불완] **расположи́ть** [완] 배열하다, 소유하다
рудá [여] 광석
магни́тная аномáлия [여] 자침의 편차, 자기이상 분포
мáрганец [남] 망간 **сéра** [여] 유황
апати́т [남] 인회석
фосфори́т [남] 인광
удобрéние [중] 비료

연 / 습 / 문 / 제

본문을 참조하여 다음 문장을 러시아어로 옮기시오.

❶ 당신들의 가격은 국제가격보다 3% 높습니다.

  ⇨

❷ 우리는 당신의 가격인하 요구에 동의할 수 없습니다.

  ⇨

❸ 우리는 1/3은 경화로, 2/3는 루블로 지불할 수있습니다.

  ⇨

❹ 우리는 공급조건과 기한에 대해 논의하고 싶습니다.

  ⇨

❺ 우리는 내년 1월에 공급을 시작할 계획입니다.

  ⇨

❻ 만일 당신들이 공급기일을 지키지 못하면 위약금을 지불해야 합니다.

  ⇨

УРОК 15

Переговоры IV

비즈니스 상담 IV

3 зак.	Как вы будете доставлять грузы? Воздушным, водным путём или по железной дороге?
Пак	Мы будем транспортировать их водным путём.
2 зак.	Мы должны определить в таком случае место разгрузки.
Ким	Местом разгрузки будет порт города Петербурга.
1 зак.	Кто будет нести расходы за погрузку и транспортировку груза?
Пак	Фирма.
3 зак.	Просим вас взять на себя расходы по устранению дефектов.
Пак	Мы не возражаем. Дефекты будет устранять наше предприятие, которое находится в Москве. Николай Петрович, расскажите, пожалуйста, какие услуги вы можете оказать заказчикам.
Н.П.	Мы не только устраняем дефекты, которые обычно появляются при транспортировке, но и устанавливаем оборудование фирмы.
1 зак.	Расходы по установке оборудования берёт на себя фирма?
Пак	Нет, мы только устраняем дефекты за счёт фирмы, чтобы установить оборудование, вы можете заключить отдельный контракт с предприятием, директором которого является Николай Петрович.

	В э́том контра́кте вы мо́жете определи́ть су́мму, кото́рую ну́жно заплати́ть за устано́вку обору́дования.
2 зак.	Хорошо́. Э́то те́ма други́х перегово́ров. Я бы хоте́л узна́ть, как бу́дут опла́чиваться поста́вки запасны́х часте́й.
Пак	Всё э́то огова́ривается в прое́кте контра́кта. Когда́ конча́ется срок гара́нтии на́шего обору́дования, покупа́тель берёт на себя́ все расхо́ды по эксплуата́ции и ремо́нту компью́терной те́хники.
3 зак.	Дава́йте обсу́дим опла́ту нало́гов. Включа́ет ли сто́имость контра́кта ме́стные нало́ги?
Пак	Нет. В на́шем контра́кте нет э́того усло́вия. Ме́стные нало́ги опла́чивает зака́зчик.

단어와 어구

доставля́ть [불완] **доста́вить** [완]
　보내주다, 배달하다, 공급·제공하다
груз [남] 화물, 짐
возду́шный путь [남] 항공로
во́дный путь [남] 수로
желе́зная доро́га [여] 철도
транспорти́ровать [완·불완] 수송·운송·운반하다
определя́ть [불완] **определи́ть** [완] 결정하다, 정하다
в тако́м слу́чае 그러한 경우에는
разгру́зка [여] 짐을 부리는것, 하역
ме́сто разгру́зки 하역 장소
расхо́д [남] 지출, 비용, 경비
погру́зка [여] 선적, 적재, 적하
устране́ние [중] 제거
дефе́кт [남] 결함, 하자, 손해, 손상
услу́га [여] 봉사, 서비스
оказа́ть кому́ услу́ги ~에게 봉사를 하다
устана́вливать [불완] **установи́ть** [완]
　정해진 위치에 놓다, 설치하다
обору́дование [중] 설비, 장치

устраня́ть [불완] **устрани́ть** [완] 멀리하다, 제거하다, 치우다
заключа́ть [불완] **заключи́ть** [완] (약속, 계약을) 맺다
перегово́ры [복][남] 교섭, 담판, 절충, 회담
опла́чиваться [불완] 지불을 마치다
запасны́е ча́сти 예비부속품
огова́риваться [불완] **оговори́ться** [완] 단서·조건을 붙이다
гара́нтия [여] 보증, 보장
эксплуата́ция [여] 사용, 이용, 경영
ремо́нт [남] 수리, 수선
нало́г [남] 조세, 세금
　ме́стный ~ 지방세 **доба́вочный** ~ 부가세
　подохо́дный ~ 소득세 **промысло́вый** ~ 영업세
включа́ть [불완] **включи́ть** [완] 넣다, 포함시키다
сто́имость [여] 가치, 가격, 값
соотве́тствовать [불완] **кому́-чему́** 일치하다, 합치하다
информа́ция [여] 정보, 통고
содержа́ние [중] 내용, 함유물
пункт [남] 항목
упла́та [여] 지불, 불입

확 / 인 / 문 / 제   1

다음 중 본문의 내용과 일치하지 않는 것을 찾아보시오.

❶ Зака́зчиков интересу́ет вопро́с, как бу́дет транспорти́роваться оборýдование, кото́рое они́ хотя́т купи́ть.

❷ Фи́рма-исполни́тель бу́дет транспорти́ровать груз возду́шным путём.

❸ Расхо́ды за погру́зку и транспортиро́вку гру́за бу́дет нести́ заказчик.

❹ Устраня́ть дефе́кты та́кже бу́дут заказчики.

❺ Устано́вка компью́терног ооборýдования вхо́дит в усло́вия прое́кта контра́кта.

❻ Когда́ конча́ется срок гара́нтии оборýдования, покупа́тель берёт на себя́ все расхо́ды по эксплуата́ции и ремо́нту.

❼ В прое́кте контра́кта есть пункт об упла́те ме́стных нало́гов.

Продолжение переговоров

Ким — Мы договори́лись с ва́ми по гла́вным пу́нктам контра́кта. Есть ли у вас каки́е-нибудь вопро́сы, замеча́ния по прое́кту контра́кта?

Заказчики — Мы по́лностью согла́сны с усло́виями контра́кта.

Ким — Если у вас нет возраже́ний, дава́йте реши́м, когда́ мы смо́жем подписа́ть контра́кт.

3 зак. — Мы предлага́ем назна́чить подписа́ние контра́кта на за́втра на 10 часо́в утра́.

Пак — Хорошо́. Нас устра́ивает э́то вре́мя.

2 зак. — В тако́м слу́чае мы попро́сим на́ших экспе́ртов подгото́вить контра́кт к подписа́нию.

단어와 어구

догова́риваться [불완] **договори́ться** [완] 약속하다, 협정하다
замеча́ние [중] 의견, 소견
по́лностью 모두, 완전히
подпи́сывать [불완] **подписа́ть** [완] 서명하다, 조인하다
назнача́ть [완] **назна́чить** [불완] 정하다, 지정하다
экспе́рт [남] 전문가, 감정인
проси́ть [불완] **попроси́ть** [완] 요청·부탁하다
подгота́вливать [불완] **подгото́вить** [완] 마련하다, 준비하다

확 / 인 / 문 / 제 2

다음 물음에 답하시오.

❶ При каком условии контракт может быть готов к подписанию?

⇨ _____

❷ Все ли заказчики согласны с условиями контракта?

⇨ _____

❸ Когда назначено подписание контракта?

⇨ _____

❹ Кто будет готовить контракт к подписанию?

⇨ _____

독해 연습

Экономико-геогрфическое положение Центрального района

Центра́льный райо́н име́ет вы́годное эконо́мико-географи́ческое положе́ние. С да́вних времён ре́ки Во́лга, Днепр и други́е свя́зывали центр Росси́и с други́ми стра́намии сосе́дними госуда́рствами. Мно́гие причи́ны, в том числе́ центра́льное положе́ние, влия́ли на бы́строе хозя́йственное освое́ние райо́на и на полити́ческую роль его́ гла́вного го́рода – Москвы́.

В Центра́льном райо́не высоко́ ра́звита промы́шленность, есть квалифици́рованные трудовы́е ресу́рсы.

Райо́н свя́зан тра́нспортными магистра́лями с основны́ми внешнеторго́выми порта́ми Балти́йского и Чёрного море́й, с пригрни́чными железнодоро́жными ста́нциями. Нали́чие удо́бных путе́й сообще́ния, высоко́ ра́звитые тра́нспортно-экономи́ческие свя́зи со все́ми райо́нами СНГ и зарубе́жными стра́нами, а та́кже центра́льное и столи́чное положе́ние определя́ют веду́щую роль Центра́льного райо́на в наро́дном хозя́йстве Росси́и.

단어와 어구

вы́годный 유리한, 이익있는
свя́зывать [불완] **связа́ть** [완] 연결시키다
влия́ть [불완] **повлия́ть** [완] 영향을 주다, 작용하다
освое́ние [중] 이용, 개발
квалифици́рованный 고급의, 수준 높은
магистра́ль [여] (철도·전기 등의) 본선, 간선

Балти́йское мо́ре [중] 발트해
Чёрное мо́ре [중] 흑해
пригрни́чный 국경에 인접한
нали́чие [중] 존재
зарубе́жный 외국의
веду́щий 주요한, 지도적인

연 / 습 / 문 / 제

본문을 참조하여 다음 문장을 러시아어로 옮기시오.

❶ 우리는 상품을 선편으로 인도할 것입니다.

⇨

❷ 불량품은 회사의 비용으로 수거할 것입니다.

⇨

❸ 나는 예비부품의 공급비용을 어떻게 지불해야 하는지 알고 싶습니다.

⇨

❹ 계약가격에 현지 세금이 포함되어 있습니까?

⇨

❺ 우리는 당신들과 계약의 주요 항목에 대해 합의했습니다.

⇨

❻ 우리는 내일 오전 10시에 계약체결식을 가질 것을 제안합니다.

⇨

УРОК 16

Совместное предприятие

합영기업

На встрече в Москве представителей завода, заинтересованных в создании на территории России совместного предприятия по производству моющих средств, и представителей фирмы–производителя этой продукции.

Белов	**Мы заинтересованы в создании, на базе своего предприятия, цеха по производству моющих средств и ищем партнёра, который мог бы оказать нам в этом содействие.**
Пак	Это может быть интересно. Наша фирма рассматривает сейчас различные варианты капиталовложений. Какова ваша идея создания предприятия?
Бел.	**В настоящее время у нас уже есть готовое помещение, некоторые виды оборудования, как например, ёмкости для хранения сырья; мы, естественно, предоставляем рабочую силу и отдельные виды сырья. С вашей стороны мы хотели бы получить технологию, специальное оборудование и некоторые компоненты, необходимые для производства готовой продукции.**
Пак	А какова, по вашему мнению, должна быть доля участия российской стороны?

Бел. С учётом российского законодательства и наших собственных представлений мы хотели бы иметь долю российского капитала в размере не менее 60%.

Пак Основные принципы понятны. Нам необходимо произвести предварительные расчёты с тем, чтобы вести конкретный разговор дальше. Предлагаем встретиться завтра.

단어와 어구

совместное предприятие [중] 합영기업 (joint venture)
создание [중] 창립, 설립
территория [여] 영토, 국토
моющие средство 세제
база [여] 근거, 기반, 기초
   на базе 기지 · 근거지에서, ~의 기조 위에
цех [남] 전문공장 **искать** [불완] 찾다, 구하다
партнёр [남] 파트너
содействие [중] 협력, 조력
   оказать – кому 조력 · 협력하다
различный 여러가지의, 서로 다른
вариант [남] 형태

капиталовложение [중] 투자
помещение [중] 토지, 수용시설
ёмкость [여] 수용력, 용량
хранение [중] 보존, 보관, 저장
сырьё [중] 원료
естественно 당연히, 물론
рабочая сила 노동력
компонент [남] 성분
доля [여] 부분, 배당, 할당, 역할
с учётом ~을 고려하여
законодательство [중] 법, 법규
собственный 자기 소유의, 자기의, 본래의, 고유의

На следующий день

Пак Итáк, мы произвели́ основны́е расчёты. Ориентирóвочная стóимость оборýдования состáвит 2 миллиóна дóлларов. Стóимость предоставля́емого нáми сырья́ в расчёте на 3000 тонн готóвой продýкции в год – 1.5 миллиóна дóлларов. Стóимость технолóгии мы включи́ли в стóимость оборýдования. Всё это означáет, что нáши затрáты при создáнии предприя́тия бýдут вы́ше вáших затрáт, что не соотвéтствует дóлям учáстия.

Бел. Мы могли́ бы купи́ть у вас часть оборýдования за счёт сóбственных валю́тных срéдств, обеспéчив тем сáмым материáльно свою́ дóлю.

Пак Такóе решéние вопрóса, на наш взгляд, возмóжно. У нас ещё остаётся нерешённым вопрóс ры́нков сбы́та.

Бел. Мы полагáем, что на пéрвых порáх óколо 30% готóвой продýкции бýдет реализóвываться в Росси́и. Остальнáя часть должнá стать предмéтом экспорта на ры́нки, котóрые удóбны для нас с тóчки зрéния геогрáфии и трáнспорта и кудá вам сейчáс слóжно реализóвывать свой товáр из-за большóй удалённости.

Пак	Что ж, э́та пропо́рция разу́мная. Пожа́луй, мы гото́вы приня́ть ва́ше предложе́ние.
Бел.	Дава́йте тогда́ подгото́вим и подпи́шем протоко́л о наме́рениях, в кото́ром определи́м це́ли и сро́ки дальне́йшей рабо́ты.
Пак	Не возража́ем.

단어와 어구

ита́к 그래서, 그럼, 그러면
ориентиро́вочный 대체의, 대략의, 개략적인
означа́ть [불완] 의미하다, 뜻하다, 가리키다
затра́та [여] 비용, 경비, 지출
соотве́тствовать [불완] 일치하다, 합치하다
валю́тные сре́дства 자금, 재원
материа́льно 물질적으로, 금전적으로
на наш взгляд 우리 견해로는
остава́ться [불완] **оста́ться** [완] 남다, 남아있다, 잔류하다
нерешённый (피형과) 해결되지 않은
сбыт [남] 매상, 판로

ры́нок сбы́та 판매시장
на пе́рвых пора́х 처음에, 시초에
реализо́вываться [완·불완] 실현하다, 현금으로 교환되다
то́чка зре́ния 관점, 견지, 입장
сло́жно 복잡하게, 복합적으로
удалённость [여] 원거리
пропо́рция [여] 균형, 조화, 비율
разу́мный 합리적인, 조리에 맞는
протоко́л [남] 기록, 조서, 의정서
    протоко́л о наме́рениях 의향서

ДОГОВОР

о созда́нии и де́ятельности совме́стного предприятия «Альфа»

Нау́чно-произво́дственное объедине́ние «Р» (НПО «Р»), явля́ющееся юриди́ческим лицо́м по росси́йскому законода́тельству, в лице́ своего́ генера́льного дире́ктора, с одно́й стороны́, и фи́рма «К», явля́ющаяся акционе́рным о́бществом по коре́йскому законода́тельству, с капита́лом оди́н миллио́н до́лларов США, в лице́ своего́ Президе́нта– Генера́льного дире́ктора, с друго́й стороны́, имену́емые в дальне́йшем «Уча́стники», договори́лись о нижесле́дующем:

Статья 1
1.1 Уча́стники создаду́т в Росси́и, в го́роде Москве́, на террито́рии заво́да, входя́щего в соста́в НПО «Р», совме́стное предприя́тие, нижеимену́емое «Предприя́тие».

Статья 2
2.1 Предприя́тие явля́ется юриди́ческим лицо́м по росси́йскому законода́тельству.
2.2 Иму́щество Предприя́тия подлежи́т страхова́нию в Страхово́м акционе́рном о́бществе Росси́и «Ингосстра́х».

Статья 3

3.1 Предприя́тие мо́жет создава́ть филиа́лы и представи́тельства на террито́рии стран Уча́стников, а та́кже на террито́рии тре́тьих стран по реше́нию Уча́стников, при́нятому единогла́сно в соотве́тствии с Уста́вом СП.

Статья 4

4.1 Инвестицио́нная, произво́дственно-сбыто́вая програ́ммы Предприя́тия на ближа́йшие 6 лет с моме́нта его́ регистра́ции, це́ны на гото́вую проду́кцию и комплекту́ющие изде́лия изло́жены в Приложе́ниях 1, 2 и 3 к настоя́щему Догово́ру и определя́ются по о́бщему согла́сию Уча́стников.

4.2 Несоблюде́ние Уча́стниками фина́нсовых, произво́дственных, комме́рческих и ины́х обяза́тельств, вытека́ющих из Приложе́ний к Догово́ру, кото́рое ведёт к ущемле́нию итере́сов и убы́ткам Уча́стников и/или Предприятия, рассма́тривается как наруше́ние настоя́щего Догово́ра. В э́том слу́чаеУча́стники руково́дствуются статья́ми 19, 20 и 21 Догово́ра.

Статья 7

Уча́стники стро́го договори́лись о том, что:

А) Правле́ние СП бу́дет состоя́ть из 5 чле́нов, включа́я его́ Председа́теля;

Б) Три чле́на Правле́ния назнача́ются росси́йским Уча́стникам и два – коре́йским Уча́стникам;

В) Председа́телем Правле́ния явля́ется граждани́н Росси́и;

Г) В соста́в Дире́кции СП войду́т представи́тели ка́ждого из Уча́стников, при э́том Генера́льный дире́ктор назнача́ется из числа́ гра́ждан Росси́и, его́ Замести́тель – из числа́ гра́ждан Коре́и.

Статья́ 8

Предприя́тие осуществля́ет свою́ де́ятельность на осно́ве самостоя́тельно разраба́тываемых и утвержда́емых Правле́нием годовы́х (теку́щих) и перспекти́вных произво́дственных, фина́нсовых, инвестицио́нных и други́х пла́нов.

Статья́ 9

9.1 Предприя́тие име́ет самостоя́тельный бала́нс в рубля́х и де́йствует на осно́ве самофинанси́рования, в том числе́ на осно́ве валю́тного самофинанси́рования.

9.2 Все расчёты в иностра́нной валю́те, свя́занные с созда́нием и де́ятельностью Предприя́тия, пересчи́тываются в рубли́ по ку́рсу Госба́нка Росси́и на день проведе́ния соотве́тствующей опера́ции.

단어와 어구

догово́р [남] 계약, 조약　**объедине́ние** [중] 연합, 조합, 회사
юриди́ческое лицо́ 법인　**генера́льный дире́ктор** 사장
единогла́сно 만장일치로, 일치하여
комплекту́ющий 보충하는, 부품의
ущемле́ние [중] 압박, 제한, 축소
убы́ток [남] 손해, 손실　**член** [남] 회원, 구성원

председа́тель [남] 의장, 위원장, 회장
замести́тель [남] 차관, 차장, 대리자
перспекти́вный 장래의, 전망의, 예상의
план 장기계획
самостоя́тельный 독립의, 독창적인
госба́нк [남] 국립은행

독해 연습

Экономико-географическое положение Северо-Западного района

В Се́веро-За́падный райо́н вхо́дят Арха́нгельская, Вологódская, Ленингра́дская, Му́рманская, Новгорóдская и Пскóвская óбласти, Каре́льская и Кóми Автонóмные респу́блики.

Крупне́йший по террито́рии Се́веро-За́падный райо́н име́ет удо́бное положе́ние для вне́шней торгóвли и межрайонных экономи́ческих свя́зей. Террито́рию райо́на омыва́ют Балти́йское, Бе́лое и Ба́ренцево моря́.

Райо́н грани́чит с Финля́ндией, кото́рая име́ет те́сные экономи́ческие свя́зи с Росси́ей. В приграни́чных райо́нах ведётся совме́стное строи́тельство. Финля́ндия испо́льзует росси́йский порт Вы́борг для свои́х внешнеторгóвых свя́зей.

Се́веро-За́пад свя́зан желе́зными доро́гами, Во́лго-Балти́йским во́дным путём и трубопровóдами со мно́гими экономи́ческими райóнами. Осо́бенно благоприя́тно для райóна сосе́дство с Центра́льным и Ура́льским райóнами, а та́кже с Приба́лтикой, с кото́рой он объединён энергети́ческой систе́мой.

단어와 어구

межрайо́нный 지역간의
приграни́чный 국경의
трубопровóд [남] 배관, 파이프

благоприя́тный 좋은, 유리한
сосе́дство [중] 이웃, 인접

연 / 습 / 문 / 제

본문을 참조하여 다음 문장을 러시아어로 옮기시오.

❶ 우리는 세제공장 설립에 관심이 있습니다.

⇨

❷ 현재 우리는 공장부지와 몇 종류의 설비가 있습니다.

⇨

❸ 우리는 완제품의 30% 정도를 러시아에서 현금화할 것을 제안합니다.

⇨

❹ 쌍방은 러시아의 모스크바시에 합영기업을 설립할 것이다.

⇨

❺ 합영기업의 이사회는 회장을 포함하여 5명의 임원으로 구성한다.

⇨

❻ 3명의 임원은 러시아측에서, 2명은 한국측에서 지명한다.

⇨

УРОК 17

Выставка

상품전시회

«Цветмет-92» – международная специализированная выставка оборудования и машин для цветной металлургии.

Выставка проходила в Алматы с 28 мая по 6 июня 2016 года. На выставку привезли свои экспонаты фирмы, предприятия и организации из Австрии, Австралии, Великобритании, Германии, Голландии, Испании, Польши, США, Финляндии, Швейцарии, Японии, Казахстана, России и с Украины.

Ян ван дер Флиз – менеджер по международному сбыту фирмы «Spectro Analytical Instruments» (США):

В декабре прошлого года мы подписали контракт с Чимкентским свинцовым заводом, поэтому мы привезли на выставку два измерительно-аналитических прибора типа «Spectroflame». Эти приборы после окончания выставки мы отправим в Чимкент заказчику.

За время выставки мы подписали один большой контракт с Усть-Каменогорским свинцово-цинковым комбинатом. Этот комбинат купил у нас три прибора, которые могут контролировать качество металлов. До этого Госбанк Казахстана купил у нас такие же приборы. За 15 секунд наши приборы делают полный анализ металлов.

Сигэнори Комацу – заместитель главного представителя фирмы «Nichimen Corporation» (Япония):

Наша фирма занимается торговлей. С прошлого года мы начали изучать возможность торговли с Казахстаном. Когда мы узнали, что в Алматы будет выставка, решили принять участие в целях рекламы и одно временно познакомиться с новыми партнёрами. Мы хотим открыть своё представительство в Алматы.

Конысбай Кутыбаев – начальник технического отдела Чимкентского свинцового комбината (Казахстан):

Мы хотим экспортировать продукцию своего завода, поэтому привезли на выставку 25 видов этой продукции. Заключили несколько контрактов, например, с американскими бизнесменами на поставку к нам двух измерительных приборов. Мы провели переговоры с немецкой фирмой «Cyclop» о покупке у них необходимых нашему заводу машин.

단어와 어구

выставка [여] 전람회, 상품전시회
специализированный 전문화된, 특화된
металлургия [여] 야금학, 야금술
экспонат [남] 전시품, 진열품 **экспонент** 출품자
свинцовый 납의
измеритель [남] 계기, 계량기
прибор [남] 도구, 용구, 장비, 기계

цинковый 아연의 **цинк** [남] 아연
комбинат [남] 종합공장
торговля [여] 무역
участие [남] 참가
  принять участие в ~에 참가하다
представительство [중] 지점, 대리점
покупка [여] 구매, 구입

Рекламные сообщения

1

Фи́рма «Со́ни» предлага́ет нове́йшие моде́ли музыка́льной те́хники: магнитофо́ны, музыка́льные це́нтры, пле́еры, а та́кже компа́кт-кассе́ты и ла́зерные ди́ски. На́шу проду́кцию отлича́ет высо́кое ка́чество, совреме́нный диза́йн, досту́пные це́ны.
Гаранти́йное и послегаранти́йное обслу́живание произво́дится в «Со́ни се́рвис центр» по а́дресу: Москва́, ул. Зо́и и Алекса́ндра Космодемья́нских, 31, телефо́н: 150-90-74.

2

Фи́рма «Ге́нрих Мак» произво́дит лека́рственные препара́ты, медици́нские инструме́нты и обору́дование по нове́йшим техноло́гиям. Проду́кция на́шей фи́рмы отвеча́ет мировы́м станда́ртам. Опто́вым покупа́телям предоставля́ется ски́дка до 20%.

3

«Самсу́нг» предлага́ет видеока́меры, видеомагнитофо́ны, видиопле́йеры, холоди́льники, компью́теры, бытову́ю электроте́хнику.
Прода́жа произво́дится опто́выми па́ртиями. Опла́та – в твёрдой валю́те. Возмо́жна в рубля́х.

4

Поста́вка ко́фе из Брази́лии!

Фи́рма «Юнио» предлага́ет прямы́е поста́вки брази́льского ко́фе в сле́дующем ассортиме́нте:

- Ко́фе раствори́мый со́рта «Ара́бика», ма́рка «Изау́ра», в фольги́рованной упако́вке по 100г, цена́ – 255 руб. за упако́вку, в одно́м конте́йнере – 75.600 упако́вок;

- Ко́фе раствори́мый со́рта «Ара́бика», ма́рка «Пеле́», в ба́нках по 100г, цена́ – 285 руб. за ба́нку, в одно́м конте́йнере – 23.200 ба́нок.

Поста́вка – CIF г. Санкт-Петербу́рг. Опла́та по безнали́чному расчёту за рубли́. Минима́льная па́ртия – оди́н конте́йнер.

단어와 어구

рекла́мное сообще́ние [중] 선전, 광고
магнитофо́н [남] 녹음기
музыка́льный центр 오디오 세트
пле́ер [남] 카세트플레이어
компа́кт-кассе́та [여] 소형 카세트
ла́зерный диск [남] 레이저디스크
ка́чество [중] 질, 품질
досту́пный 적당한, 알맞은
гаранти́йный 보증의, 보장의
обслу́живание [중] 서비스, 에프터서비스
лека́рственный 의약의
препара́т [남] 약제
медици́нские инструме́нты 의료기계
станда́рт [남] 표준, 규격
о́птовый 도매의, 도매업의

ски́дка [여] 감가, 할인
 де́лать –ку 할인하다 цена́ со –кой 할인가격
холоди́льник [남] 냉장고
бытова́я электроте́хника [여] 가전 전자제품
прода́жа [여] 판매
ассортиме́нт [남] 품종
сорт [남] 품종, 종류
ма́рка [여] 상표
фольги́рованная упако́вка 은박지 포장
конте́йнер [남] 컨테이너(container), 용기
раствори́мый 용해되는
ба́нка [여] 통
безнали́чный 현금이 아닌 증서·수표의
 –ные расчёты 수표교환, 비현금거래(cashlee transfers)
минима́льный 최저의, 최소한의

о предложе́ниях восто́чных регио́нов Росси́и по разви́тию сотру́дничества с южнокоре́йскими фи́рмами

1. Ирку́тская о́бласть
Бра́тский алюми́ниевый заво́д, Усть-Или́мский и Бра́тские лесопромы́шленные ко́мплексы, Анга́рское объедине́ние «нефтеоргси́нтез», территориа́льно-произво́дственные объедине́ния Ирку́тсклеспром, Востсибу́голь, Востоксибстро́й и др. гото́вы приня́ть представи́телей фирм и обсуди́ть конкре́тные фо́рмы сотру́дничества.

2. Красноя́рский край
Красноя́рский металлурги́ческий заво́д заинтересо́ван в созда́нии совме́стного предприя́тия по заверше́нию строи́тельства прока́тного це́ха алюми́ниевых спла́вов (предлага́емый объём инвести́ций – 100 млн. ам. до́лларов). Для подгото́вки конкре́тных комме́рческих предложе́ний по добы́че и перерабо́тке у́гля предлага́ется провести́ перегово́ры в г. Красноя́рске.

3. Ке́меровская о́бласть
Хими́ческие предприя́тия о́бласти (НПО «Карболи́т», Химволокно́, коксохими́ческий заво́д и др...) гото́вы рассмотре́ть конкре́тные предложе́ния южнокоре́йских фирм.

4. Новосиби́рская о́бласть
Предлага́ется сотру́дничество по сле́дующим направле́ниям:

- организа́ция совме́стных произво́дств в хими́ческой промы́шленности по произво́дству това́ров наро́дного потребле́ния; герметизи́рующих материа́лов и разли́чных изде́лий из пласти́ческих масс для строи́тельства; полирова́льных паст для мета́лла, стекла́, ла́ковых покры́тий; антифрикцио́нных приса́док к масла́м и сма́зкам; кла́стерных покры́тий;

- в о́бласти чёрной и цветно́й металлу́ргии:
  (1) Техни́ческое перевооруже́ние металлурги́ческого заво́да, созда́ние на нём совме́стного произво́дства по вы́пуску това́ров наро́дного потребле́ния с после́дующим расчётом гото́вой проду́кцией.

  (2) Испо́льзование иностра́нных инвести́ций, передовы́х техноло́гий, обору́дования, ноу-хау для организа́ции произво́дства металли́ческого о́лова, бе́лой же́сти, припо́ев, спла́вов и изде́лий из них; бе́лой трёхокиси мышьяка́ для испо́льзования в фармацевти́ческой и стеко́льной промы́шленности; металли́ческого мышьяка́; перерабо́тки вольфрамсодержа́щих шла́ков;

- поста́вка совреме́нного технологи́ческого обору́дования по произво́дству галантере́йних кож с испо́льзованием спи́лка обувно́го произво́дства и организа́ция совме́стного произво́дства кожгалантере́йных това́ров.

5. Омская о́бласть

Предлага́ет для ба́ртерного обме́на техуглеро́д, синтети́ческий каучу́к, нефтепроду́кты при усло́вии реше́ния тра́нспортной схе́мы или уча́стия заинтересо́ванной тра́нспотртной организа́циии. Возмо́жно созда́ние совме́стного предприя́тия.

단어와 어구

спра́вка [여] 조회, 문의, 정보
о́бласть [여] 주(州)
край [남] 지방 (부록의 행정조직 참조)
алюми́ний [남] 알루미늄
прока́тный 임대의
сплав [남] 합금
герметизи́ровать [완·불완] 밀폐하다
ма́сса [여] 다량, 다수; 제지 원료, (반죽상태의) 원료
пласти́ческий 조각의, 조형의
полирова́льный 연마용
па́ста [여] 고제, 연고
ла́ковый 광택의

покры́тие [중] 피복재료
антифрикцио́нный 마찰을 감소시키는
приса́дка [여] 합금에 섞는 금속
о́лово [중] 합금, 납과 주석의 합금
жесть [여] 양철, 함석판
припо́й [남] 백납, 금속접합제
мышья́к [남] 비소
фармаце́втика [여] 약학, 조제법
шлакспили́ть 톱으로 켜다
каучу́к [남] 탄성고무
внедре́ние [중] 도입, 정착

연 / 습 / 문 / 제

본문을 참조하여 다음 문장을 러시아어로 옮기시오.

❶ 여러 회사가 자사 상품을 전람회에 출품했다.

⇨ ....

❷ 전람회 기간 중에 우리는 큰 계약을 체결했다.

⇨ ....

❸ 15분 안에 우리 기계는 금속에 대한 완전한 측정을한다.

⇨ ....

❹ 우리는 전람회에 참가하기로 결정했다.

⇨ ....

❺ 우리는 독일회사와 측정계기의 구매에 대한 상담을 진행했다.

⇨ ....

❻ 뛰어난 품질과 현대적 디자인이 우리 제품의 특징이다.

⇨ ....

❼ 대량 구매 고객에게는 20%까지 할인 혜택이 주어진다.

⇨ ....

УРОК 18

В аэропорту «Домодедово»

도모데도보공항

Пак	Здравствуйте!
Кассир	Здравствуйте!
Пак	Скажите, сколько рейсов в Ташкент?
Кас.	В Ташкент самолёты вылетают ежедневно.
Пак	Когда ближайший рейс в Ташкент?
Кас.	Сегодня уже самолётов нет. Но есть рейс завтра. Самолёт вылетает в 7 часов утра.
Пак	Какой номер этого рейса?
Кас.	507.
Пак	Это прямой рейс?
Кас.	Да, прямой.
Н.П.	Нам нужно два билета до Ташкента.
Кас.	Ваши паспорта, пожалуйста.
Н.П.	Вот они. Вы можете оформить билеты туда и обратно?
Кас.	Да.
Пак	Оформите, пожалуйста, два билета. Мы будем в Ташкенте две недели.
Кас.	Вот, пожалуйста.
Пак	Сколько стоит один билет?
Кас.	600 долларов.
Пак	Сколько с нас?
Кас.	1200 долларов.
Пак	Вот, пожалуйста. Когда начнётся регистрация?
Кас.	За полтора часа до вылета.

Пак	Спаси́бо. До свида́ния.
Кас.	До свида́ния.

단어와 어구

рейс [남] 항로, 왕복로
самолёт [남] 비행기
вы́лететь (вы́лечу, вы́летишь) [완] **вылета́ть** [불완]
  날아가다, 출발하다
ежедне́вный 매일의, 일상의
ближа́йший (бли́зкий의 최상급) 가장 가까운
прямо́й 곧은, 직선의, 직접의

биле́т [남] 승차권, 입장권, 티켓
  абонеме́нтный ~ 정기권 **обра́тный** ~ 왕복권
  ра́зовый ~ 편도권
нача́ться (начну́сь, начнёшься) [완] **начина́ться** [불완]
  시작되다
регистра́ция [여] 기록, 등록
полтора́ 1½

응용회화 I

Сл.	Уважа́емые пассажи́ры! Регистра́ция биле́тов на рейс №507 во второ́й се́кции.
Пак	Никола́й Петро́вич, где бу́дет регистра́ция? Я не по́нял.
Н.П.	Во второ́й се́кции.
Пак	Вот она́.
Сл.	Ста́вьте ве́щи на весы́. У вас ли́шний вес.
Пак	Ско́лько нам плати́ть за ли́шний вес?
Сл.	Доплати́те 150 до́лларов.
Н.П.	Каки́е тяжёлые коро́бки! Что э́то?
Пак	Мы везём пода́рки. Здесь два персона́льных компью́тера. Могу́ я взять э́ту су́мку в сало́н?
Сл.	Да, коне́чно.
Пак	Где бу́дет поса́дка на наш самолёт? Уже́ объяви́ли поса́дку?
Н.П.	Не спеши́те, господи́н Пак, поса́дку объя́вят.
Пак	Хорошо́. Тогда́ пройдём в зал ожида́ния.
Н.П.	Пойдёмте.

단어와 어구

пассажи́р [남] 승객
се́кция [여] 부, 지부, 과
поста́вить [완] **ста́вить** [불완] 세워놓다
весы́ [복] 저울, 계량기
ли́шний 여분의, 과잉의, 추가의
вес [남] 중량, 무게
доплати́ть [완] **допла́чивать** [불완] 추가지불하다
тяжёлый 무거운, 곤란한, 어려운
коро́бка [여] 작은상자, 곽
везти́ (везу́, везёшь) [불완] 운송하다, 운반하다

пода́рок [남] 선물 – **к дню рожде́ния** 생일선물
су́мка [여] 손가방, 배낭
сало́н [남] 응접실
поса́дка [여] 탑승
объяви́ть [완] **объявля́ть** [불완] 널리 알리다, 공고하다
спеши́ть [불완] 서두르다
зал [남] 홀, 응접실, 강당
ожида́ние [중] 대기, 예측
зал ожида́ния 대합실
пойдёмте 갑시다!

응용 회화 II

Пак	На какой высоте мы летим?
Н.П.	10 тысяч метров.
Сосед	С какой скоростью летит наш самолёт?
Н.П.	900 километров в час.
Сосед	Извините, я не представился. Господин Фолкнер. Я путешествую. Я турист из Англии.
Пак	Господин Пак. Бизнесмен из Южной Кореи.
Н.П.	Николай Петрович. Коммерсант.
Фолкнер	Николай Петрович, Вы бывали в Англии?
Н.П.	Да, конечно. Мне очень понравился Лондон. Я бывал в других городах.
Фол.	А Вы, господин Пак, бывали в Лондоне?
Пак	Да, я бывал в Лондоне по делам фирмы «Симантек корпорейшн».
Фол.	Я слышал много хорошего о вашей фирме.
Пак	Спасибо.
Фол.	Сколько времени будет продолжаться полёт?
Н.П.	4 часа.
Пак	Господин Фолкнер, вы часто летаете?
Фол.	Да, довольно часто. Но иногда я плохо себя чувствую в самолётах. Сердце. Вот и сейчас. Позовите, пожалуйста, стюардессу.
Стюардесса	Что случилось? Вам плохо? Вам нужен гигиенический пакет?
Фол.	Нет, дайте, пожалуйста, воды.
Ст.	Пожалуйста.
Н.П.	Вам лучше?
Фол.	Да, спасибо.
Пак	Когда будет завтрак?
Ст.	Через полчаса.

단어와 어구

высота [여] 높이, 고도
метр [남] 미터
скорость [여] 속도, 속력
путешествовать [불완] 여행하다
замечательный 비범한, 현저한, 우수한, 뛰어난

гражданский 시민의, 민간의
авиация [여] 비행, 항공
стюардесса [여] 스튜어디스(stewardess)
гигиенический 위생에 관한, 위생의
пакет [남] 봉투, 봉지, 종이 주머니

독해 연습

Экономико-географическое положение стран Средней Азии

Среднеазиатские страны – Узбекистан, Туркменистан, Киргизстан и Таджикистан – расположены на крайнем юге бывшего СССР. На юге и востоке они граничат с Ираном, Афганистаном и Китаем, на севере – с Казахстаном. На западе территорию района омывает Каспийское море. Государственная граница пересекает высочайшие горные системы Тянь-шаня, Памиро-Алтая, хребты Копетдага. Только по речным долинам и горным понижениям возможны сообщения с соседними странами. С помощью Советского Союза построена автомобильная дорога от Кушки в глубь Афганистана. Морской путь по Каспийскому морю связывает среднеазиатские республики с Закавказьем, Северным Кавказом и открывает выход к Волге. Граница с Казахстаном проходит по ровной поверхности пустынь и невысоким горным хребтам. Огромные площади пустынь, высочайшие горные системы затрудняют освоение природных ресурсов района, но благодаря современной технике и братской помощи других стран они успешно осваиваются.

단어와 어구

Средняя Азия [여] 중앙아시아
 (원래 중앙아시아는 우즈베키스탄, 투르크메니스탄, 키르기스스탄, 타지키스탄 네 나라를 지칭하나 관례적으로 카자흐스탄도 포함된다.)
располагать [불완] **расположить** [완] 두다, 배치하다
бывший 이전의
граничить [불완] 경계를 접하다
территория [여] 영토
омывать [불완] **омыть** [완] 둘러싸다

пересекать [불완] **пересечь** [완] 횡단하다, 교차하다
хребет [남] 뒷면, 산맥
долина [여] 계곡, 골짜기
понижение [중] 저지
глубь [여] 깊이, 밑바닥
поверхность [여] 표면, 지표
пустыня [여] 사막

연 / 습 / 문 / 제

본문을 참조하여 다음 문장을 러시아어로 옮기시오.

❶ 타슈켄트로의 비행편이 몇이나 됩니까?

  ⇨ _____

❷ 당신은 왕복티켓을 끊을 수 있습니다.

  ⇨ _____

❸ 언제 탑승수속이 시작됩니까?

  ⇨ _____

❹ 추가 수화물에 얼마를 지불해야 합니까?

  ⇨ _____

❺ 비행시간이 얼마나 될까요?

  ⇨ _____

❻ 우리 비행기의 비행속도는 얼마나 됩니까?

  ⇨ _____

УРОК 19

Ресторан

레스토랑

Пак	Вот наш ресторан.
	Пойдёмте на второй этаж.
Администратор	Добрый день!
Н.П.	Здравствуйте!
	Нам нужен столик на двоих.
Ад.	Пожалуйста, проходите.
	Здесь есть свободный столик.
Пак	А вот этот столик у окна свободен?
Ад.	Нет, к сожалению, он занят.
	А вот этот свободен.
	Садитесь, пожалуйста.
Официант	Что будете заказывать?
	Вот, пожалуйста, меню.
Н.П.	Что мы будем заказывать?
	Я очень проголодался!
Пак	Я предлагаю вам салат «весенний», сыр и икру.
Н.П.	Это холодные закуски.
	А что будем из горячих блюд?
Оф.	Я бы предложил вам на первое суп овощной, а на второе котлеты по-пражски.
Н.П.	Хорошо.
Оф.	Что будете пить?
Пак	Пожалуйста, две бутылки минеральной воды и бутылку сухого вина.
Оф.	Это всё?
Н.П.	Позже принесите, пожалуйста, кофе и мороженое.

Оф.	Хорошо́. Зна́чит, из заку́сок вам принести́ сала́т «весе́нний», сыр, икру́. Из горя́чих блюд – суп овощно́й и котле́ты по-пра́жски. Ещё буты́лку сухо́го вина́ и две буты́лки минера́льной воды́. А пото́м два ко́фе, два моро́женых. Я пра́вильно вас по́нял?
Пак	Да, всё так…
Н.П.	Да, обе́д был замеча́тельный. Пожа́луй, мо́жно погуля́ть по Арба́ту. Официа́нт! Счёт, пожа́луйста!

단어와 어구

администра́тор [남] 근무자, 관리, 지배인
свобо́дный 자유로운, 한가한, 비어있는
зака́зывать [불완] **заказа́ть** [완] 주문하다
официа́нт [남] 웨이터, 종업원 **официа́нтка** [여] 웨이트리스
проголода́ться [완] 시장기를 느끼다
предлага́ть [불완] **предложи́ть** [완] 제안·제의하다, 추천하다
сала́т [남] 샐러드
весе́нний 봄의
икра́ [여] 어란(고기알), 알젓, 캐비아(철갑상어의 알집)

заку́ска [여] 경식(輕食), 전채
блю́до [중] 음식물, 요리
котле́та [여] 커틀릿, 크로켓
по-пра́жски 프라하식으로
буты́лка [여] 유리병
сухо́е вино́ 단맛이 없는 포도주(dry wine)
приноси́ть [불완] **принести́** [완] 가져오다, 가져다 주다
моро́женое [중] 아이스크림
счёт [남] 계산(서)

해설

1 러시아의 식사
러시아의 정찬은 전채(закуски), 메인(горячие), 디저트(десерт) 순으로 나온다. 레스토랑에서의 저녁식사는 한 테이블을 손님 1팀이 저녁내내 차지하고, 3시간 이상 진행하는 것이 보통이다. 따라서 음식을 재촉하지 말고 담소를 즐기며 여유있게 식사를 하는 것이 좋다.

2 건배 예절
저녁 초대를 받아 가정집이나 레스토랑 등을 가게 되면, 식사 중 적게는 2-3번, 많게는 10번 이상 건배를 하게 된다. 러시아 사람들이 권하는 건배에 응하기만 하는 것은 예의가 아니고, 적어도 2-3번 건배를 받은 후에는 이쪽에서도 건배를 제안해야 한다. 이때는 초대에 대한 감사, 상대방과 가족의 건강, 사업에 대한 기원을 표시하는 것이 좋고, 일어서서 하는 것이 예법에 맞다.

- Предлагáю тост за здорóвье!   건강을 위해 건배를 제안합니다.
- Предлагáю тост за встрéчу!   만남을 기념해 건배를 제안합니다.
- Предлагáю тост за дрýжбу!   우정을 위해 건배를 제안합니다.
- Предлагáю тост за успéх!   성공을 위해 건배를 제안합니다.
- Предлагáю тост за жён!   아내들을 위해 건배를 제안합니다.

МЕНЮ

Холóдные закýски
Грибы́ (mushrooms)
Заливнóе из ры́бы (fish in aspic)
Икрá (caviar)
Рóстбиф (roast beef)
Салáт (salad)
У́стрицы (oysters)

Горя́чие (пéрвые) блю́да
Бульóн (bouillon, broth)
Борщ (soup)
Суп из помидóров (tomato soup)
Лýковый суп (onion soup)
Ры́бный суп (fish soup)

Горя́чие (вторы́е) блю́да

Осетри́на, жа́реная на верт еле́ (spitted sturgeon)
Форе́ль (trout)
Бара́нина (mutton)
Бефстро́ганов (beef stroganoff)
Бифште́кс (beefsteak)
Говя́дина (beef)
Теля́тина (veal)
Эскало́п (pork chop)
Ку́рица (chicken)
У́тка (duck)

Десе́рт

Моро́женое (ice cream)
Пиро́жное (pastry)
Взби́тые сли́вки (whipped cream)
Абрико́сы (apricots)
Анана́с (pineapple)
Бана́ны (bananas)
Виногра́д (grapes)
Грейпфру́т (grapefruit)
Лимо́н (lemon)
Пе́рсики (peaches)
Я́блоки (apples)
Фрукто́вый сала́т (fruit salad)

Спиртны́е напи́тки

Джин (gin)
Бре́нди (brandy)
Во́дка (vodka)
Конья́к (cognac)
Шампа́нское (champagne)
Сухо́е вино́ (dry wine)
Десе́ртное вино́ (sweet wine)

Безалкого́льные напи́тки

Кака́о (cocoa)
Ко́ка-ко́ла (Coca-Cola)
Ко́фе (coffee)
с лимо́ном (with lemon)
с молоко́м (with milk)
с моро́женым (with ice cream)
чёрный ко́фе (black coffee)
Сок (juice)
Минера́льная вода́ (mineral water)
Шокола́д (chocolate)

단어와 어구

гриб [남] 버섯
заливно́е из ры́бы 생선묵 튀김 요리, 생선가스
ро́стбиф [남] 로스트비프
у́стрица [여] 굴
бульо́н [남] 고기국물(채소 외에는 아무것도 들어있지 않은 수프)
осетри́на, жа́реная на ве́ртеле 용철갑 상어 구이
форе́ль [여] 연어과의 생선
бара́нина [여] 양고기
беф-стро́ганов [남] (불변) 육류로 된 요리 이름

говя́дина [여] 쇠고기
теля́тина [여] 송아지 고기
эскало́п [남] 버터구이 고기
пиро́женое [중] 파이, 케이크
взби́тые сли́вки 휘저어 거품 낸 크림
абрико́с [남] 살구
спиртны́е напи́тки 알코올 음료
безалкого́льный 알코올을 포함하지 않은

На приёме

Глава́ торго́вой делега́ции Росси́и обрати́лся к гостя́м:

«Уважа́емые господа́! Мы заверши́ли с ва́ми большу́ю и плодотво́рную рабо́ту по дальне́йшему расшире́нию торго́вли ме́жду на́шими стра́нами.

Подписа́ние контра́ктов и соглаше́ния о торго́вле – это свиде́тельство взаи́много стремле́ния обе́их сторо́н к разви́тию и укрепле́нию делов́ых свя́зей на при́нципах ра́венства и взаи́мной вы́годы.

Я предлага́ю тост за мир, за ми́рные добрососе́дские отноше́ния ме́жду на́шими стра́нами, за дальне́йшее плодотво́рное сотру́дничество!»

Ми́стер Пак вы́ступил с отве́тным сло́вом:

«Уважа́емые господа́! От и́мени на́шей торго́вой делега́ция горячо́ благодарю́ за гостеприи́мство и ра́душный приём, кото́рые бы́ли ока́заны нам в ва́шей стране́.

Выража́ю та́кже удовлетворе́ние по по́воду успе́шного заверше́ния на́ших перегово́ров и подписа́ния ря́да ва́жных торго́вых докуме́нтов.

Я предлага́ю тост за дальне́йшее укрепле́ние на́ших дру́жественных отноше́ний, за успе́шное разви́тие торго́вли и сотру́дничества ме́жду на́шими стра́нами.»

단어와 어구

приём [남] 리셉션
делега́ция [여] 대표, 사절(단)
успе́шно 성공적으로, 좋은결과로
пала́та [여] 의회, 관청
торго́во-промы́шленная ~ 상공회의소
расшире́ние [중] 확대, 확장, 증대
стремле́ние [중] 지향, 노력, 돌진
укрепле́ние [중] 강화

ра́венство [중] 평등, 균등
тост [남] 축배
предложи́ть ~ 축배를 제의하다, 축배를 들다
добрососе́дские отноше́ния 선린관계
плодотво́рный 유익한, 유용한, 성과있는
гостеприи́мство [중] 손님의 환대
выража́ть [불완] **вы́разить** [완] 나타내다, 표현하다
по по́воду чего́ ~에 대해서

Прогулка по Москве

Давайте совершим прогулку по Москве – крупнейшему в стране и одному из важнейших в мире политических, научных, промышленных и культурных центров. Территория города составляет 2500 км², а население – более 10 млн. человек. Древняя русская летопись в первые упомянула имя Москвы в 1147 году, а её основателем считается суздальский князь Юрий Долгорукий. В дни празднования 800-летия Москвы в 1947 году на Советской площади против здания Московского Совета был установлен памятник Юрию Долгорукому.

Улица Тверская (Горького) – центральная улица города. На этой улице находится здание Центрального телеграфа.

Поднимаемся вверх по улице Тверская. На площади Пушкина наше внимание привлечёт кинотеатр «Россия», построенный в 1960-1961 годах. Это один из крупнейших кинотеатров города. Здесь проводятся международные кинофестивали, проходят премьеры фильмов.

Многие туристы начинают знакомство с Москвой со смотровой площадки – Большого Каменного моста через Москву-реку, названного так потому, что с этого места открывается прекрасный вид на Кремль и реку. Блестят на солнце купола колокольни Ивана Великого, выделяются своей величавостью здание Большого Кремлёвского дворца и угловая башня Кремлёвской стены, носящая имя Водовзводной. Название башни напоминает о том, что в XVII веке в ней была устроена водоподъёмная машина, которая забирала воду из реки и поднимала её в резервуар, находившийся в верхнем этаже башни. Отсюда вода по трубам поступала в царские дворцы и сады.

Недалеко́ от Кремля́ на пло́щади Свердло́ва, нахо́дится Большо́й теа́тр. Зда́ние теа́тра бы́ло постро́ено в 1821-1824 года́х. Для его́ архитекту́ры характе́рны стро́гие класси́ческие фо́рмы, кото́рые подчёркиваются коло́ннами и скульпту́рным изображе́нием стоя́щего в колесни́це Аполло́на. В 1853 году́ зда́ние теа́тра сгоре́ло, но вско́ре бы́ло восстано́влено под руково́дством архите́ктора А. Кавоса и надстро́ено тре́тьим этажо́м. Теа́тр вмеща́ет до 2.5 ты́сяч зри́телей. Его́ вели́чественный фаса́д, прекра́сно сочета́ясь с краси́вым скве́ром, придаёт пло́щади осо́бую торже́ственность.

연 / 습 / 문 / 제

본문을 참조하여 다음 문장을 러시아어로 옮기시오.

❶ 여기 창문 옆 이 자리는 비어 있습니까?

  ⇨ ....

❷ 나는 1차 코스로 샐러드와 치즈, 캐비아를 권하고 싶습니다.

  ⇨ ....

❸ 나는 환대와 정성스런 접대에 뜨겁게 감사 드립니다.

  ⇨ ....

❹ 나는 우리의 상담이 성공적으로 끝난 것에 대한 만족을 표시합니다.

  ⇨ ....

❺ 나는 평화를 위해 건배를 제안합니다.

  ⇨ ....

❻ 나는 앞으로의 우리의 친선관계의 강화를 위해 건배를 제안합니다.

  ⇨ ....

УРОК 20

Магазины Москвы

모스크바의 상점

Вы уже видели, что Москва – огромный город, и поэтому, как и в каждом крупном городе, здесь очень много магазинов. Самые большие магазины в Москве – это ГУМ, ЦУМ и «Детский мир». Это универсальные магазины, в них можно купить и одежду, и обувь, и бытовую технику, и игрушки. В последнее время в нашем городе открыли свои магазины всемирно известные фирмы по производству одежды и парфюмерии.

В нашей столице есть и специализированные магазины, где, например, можно купить только обувь или мебель. Вот, посмотрите, на правой стороне улицы, по которой мы едем сейчас, находятся магазины «Мужская одежда», «Всё для дома», «Сувенир», а на левой стороне – «Дом игрушки», «Подарки», «Женская одежда». Если вы хотите сделать дорогой подарок своей жене или дочери, вам нужно пойти в магазин «Меха» или в ювелирный магазин.

Конечно же, в Москве много продовольственных магазинов. Есть гастрономы, где можно купить разные продукты: молоко, сыр, конфеты, колбасы, хлеб. А есть и специализированные продовольственные магазины: «Хлеб», «Молоко», «Кондитерский», «Кулинарный».

단어와 어구

огромный 거대한, 광대한 **каждый** 각각의, 모든
ГУМ (государственный универсальный магазин) 국영백화점
ЦУМ (центральный универсальный магазин) 중앙백화점
одежда [여] 의류, 의복 **обувь** [여] 신발
бытовая техника 생활용품 **игрушка** [여] 장난감
производство [중] 생산, 제조
мода [여] 유행, 양식 **парфюмерия** [여] 향수
специализированный: специализироваться
(전문화하다)의 피동형동사
мебель [여] 가구, 실내장식품

сторона [여] 측, 방면 **левая~** 좌측, 왼쪽 **задняя~** 후면
  передняя~ 전면, 앞쪽
сувенир [남] 기념품, 선물
берёзка [여] 어린자작나무, 외화상점
валюта [여] 화폐단위, 외화 **ювелирный** 귀금속 · 보석의
продовольственный 양식의, 식료의
гастроном [남] 가공식료품점
продукт [남] 생산물, 제품 **-ы** [복] 식료품
конфета [여] 당과류, 사탕, 초콜릿류 **колбаса** [여] 소시지
кондитерский 과자의 **-ская** [여 · 명] 과자점
кулинарный 요리의

응용 회화 I

A

Пак	А вот и знамени́тый Арба́т!
Н.П.	Дава́йте зайдём в магази́н «Пода́рки».
Пак	Де́вушка!
	Бу́дьте добры́, помоги́те мне вы́брать пода́рок.
Продавец	Для кого́?
	Для мужчи́ны или же́нщины?
Пак	Для мужчи́ны.
Пр.	Есть ша́хматы, о́чень то́нкой рабо́ты.
Пак	У него́ уже́ есть хоро́шие ша́хматы.
Пр.	Посмотри́те изде́лия из ко́жи.
	У нас есть хоро́шие па́пки и бума́жники.
Пак	О, вот что я куплю́.
	Я подарю́ своему́ сы́ну па́пку.
	Покажи́те, пожа́луйста, вот э́ту, чёрную.
	Я ду́маю, что ему́ понра́вится.
	Ско́лько она́ сто́ит?
Пр.	400 рубле́й.
Пак	Я возьму́ её.

Б

Н.П.	Ну а теперь поедем в ГУМ?
Пак	Конечно.
	Ведь это самый большой магазин в Москве!
Н.П.	Что бы вы хотели купить в ГУМе?
Пак	Меня интересуют рубашки и галстуки.
Н.П.	Это на первом этаже.
	Пойдёмте!
	Вот этот отдел. Пожалуйста, выбирайте.
Пак	Девушка, покажите, пожалуйста, вот этот галстук.
Пр.	Этот?
Пак	Нет, не этот.
	Вот тот, синий.
Пр.	Пожалуйста.
Н.П.	Девушка, а мне покажите, пожалуйста, вот эту рубашку.
Пр.	Вот, посмотрите.
Н.П.	К сожалению, это рубашка 41 (сорок первого) размера, а мне нужен 42 (сорок второй).
Пр.	Вот, пожалуйста. Вам идёт этот цвет. Берите.
Н.П.	Сколько стоит эта рубашка?
Пр.	900 рублей.

단어와 어구

знаменитый 유명한
выбирать [불완] **выбрать** [완] 고르다, 선택하다
тонкий 정교한, 섬세한
изделие [중] 제품, 수공품 ~ **из кожи** 가죽 제품
папка [여] 서류 끼우개, 표지

бумажник [남] 지갑
рубашка [여] 와이셔츠
галстук [남] 넥타이
синий 푸른, 청색의
размер [남] 치수, 사이즈

응용회화 II

В.И. Ну как, вам понравилась экскурсия?

Н.П. Очень. Большое спасибо. А вам, господин Пак?

Пак Да, понравилось, конечно. Особенно мне понравился Кремль, музеи Кремля и русские церкви. А ещё мне понравились памятники великим людям – Льву Толстому и Александру Пушкину. Я понял, что Пушкин очень дорог русским людям.

В.И. Я рад, что вам понравилась экскурсия. А теперь я хочу пригласить вас на обед в ресторан «Прага».

Н.П. К сожалению, я не смогу пообедать с вами. Вчера я разговаривал по телефону со своим старым школьным другом, который уже давно живёт в Москве, и мы договорились встретиться с ним сегодня. Владимир Иванович, как мне попасть в Кунцево?

В.И. Покажите мне, пожалуйста, адрес вашего друга.

Н.П. Вот, пожалуйста.

В.И. Сначала мы вместе поедем на метро до станции «Арбатская». Мы с господином Паком выйдем и пообедаем в ресторане «Прага». А вы, Николай Петрович, сделаете пересадку на другую линию. Доедете на метро до станции «Кунцевская», а потом на троллейбусе две остановки до нужной вам улицы.

Н.П. Спасибо. Встретимся вечером в гостинице.

В.И. Всего доброго! До вечера.

단어와 어구

нравиться [불완] **понравиться** [완] 마음에 들다, 뜻에 맞다, 좋다
экскурсия [여] 단체 견학, 유람, 여행
церковь [여] 교회, 교회당

попадать [불완] **попасть** [완] 찾아내다, 도달하다
остановка [여] 정거장
пересадка [여] 환승

독해 연습

Прогулка по Москве – продолжение

Проспект Новый Арбат – одна из оживлённых улиц города. Многоэтажные здания по обеим сторонам улицы были построены в 1966-1968 годах. В них разместились учреждения, жилые помещения, а в нижних этажах – магазины, кафе, бары. В конце проспекта хорошо видно высотное здание гостиницы «Украина».

Гостиница «Украина» южной стороной выходит на Кутузовский проспект, являющийся продолжением Нового Арбата.

Если мы продолжим наш путь по Кутузовскому проспекту, то обратим внимание на здание круглой формы. Это здание Музея-панорамы «Бородинская битва 1812 года». Центральную часть музея занимает огромная картина – панорама художника Ф. А. Рубо «Бородинская битва». В экспозиции музея много подлинных документов и экспонатов, рассказывающих об Отечественной войне 1812 года. У здания музея – памятник великому русскому полководцу М. И. Кутузову.

А теперь перенесёмся в другой конец Москвы, на проспект Мира, где находится Выставка достижений народного хозяйства (ВДНХ), открытая в 1959 году. Выставка широко демонстрирует и пропагандирует достижения промышленности, строительства, транспорта, сельскогохозяйства, культуры и здравоохранения. На территории выставки – почти 80 павильонов, каждый из которых посвящён – одной из отраслей хозяйства и промышленности. Территория выставки огромна – около 310 гектаров. Вы видите фонтан «Дружба народов» на территории выставки.

Московский государственный университет имени М. В. Ломоносова известен во всём мире.

Пе́рвое зда́ние университе́та бы́ло постро́ено в це́нтре го́рода знамени́тым архите́ктором М. Ф. Казако́вым в конце́ XVIII ве́ка. Во вре́мя пожа́ра 1812 го́да зда́ние си́льно пострада́ло. Оно́ бы́ло восстано́влено и за́ново архитекту́рно офо́рмлено Д. Жильярди́ в 1817-1819 гг.

Но́вый ко́мплекс университе́та был постро́ен на ю́го-за́паде столи́цы в 1949-1953 года́х. Всего́ же на террито́рии в 320 гекта́ров располо́жено бо́лее 30 уче́бных корпу́сов, ботани́ческий сад, лесопа́рк, спорти́вные сооруже́ния.

С Ле́нинских гор открыва́ется чуде́сный вид на крупне́йший спорти́вный ко́мплекс Москвы́ – Центра́льный стадио́н. В него́ вхо́дят Больша́я спорти́вная аре́на, Ма́лая спорти́вная аре́на, Дворе́ц спо́рта, те́ннисные ко́рты, други́е сооруже́ния. Больша́я спорти́вная аре́на стадио́на вмеща́ет бо́лее 100 ты́сяч зри́телей. Здесь состоя́лось откры́тие и закры́тие ле́тних Олимпи́йских игр 1980 го́да.

연 / 습 / 문 / 제

본문을 참조하여 다음 문장을 러시아어로 옮기시오.

❶ 굼과 쭘은 대형 백화점이다.

  ⇨ ....

❷ 모스크바에는 세계적으로 유명한 회사들이 상점을 열었다.

  ⇨ ....

❸ 죄송합니다만, 제가 선물을 고르는 것을 도와주시겠습니까?

  ⇨ ....

❹ 나는 셔츠와 넥타이를 찾고 있다.

  ⇨ ....

❺ 이 색은 당신에게 잘 맞는다.

  ⇨ ....

❻ 모스크바 관광이 아주 마음에 들었습니다.

  ⇨ ....

❼ 거기에서 다른 노선으로 환승하십시오.

  ⇨ ....

부록 I

01 요일·월·수사
02 국명·수도·사람
03 직위·학위와 학위과정
04 국제기구명
05 지명
06 계량단위
07 약어·약기호
08 러시아의 남·녀이름
09 화학원소기호
10 컴퓨터 용어
11 비즈니스 용어

01 요일·월·수사

요일

воскресе́нье	일요일
понеде́льник	월요일
вто́рник	화요일
среда́	수요일
четве́рг	목요일
пя́тница	금요일
суббо́та	토요일

월

янва́рь	1월
февра́ль	2월
март	3월
апре́ль	4월
май	5월
ию́нь	6월
ию́ль	7월
а́вгуст	8월
сентя́брь	9월
октя́брь	10월
ноя́брь	11월
дека́брь	12월

기수	단위	서수
оди́н	1	пе́рвый
два	2	второ́й
три	3	тре́тий
четы́ре	4	четвёртый
пять	5	пя́тый
шесть	6	шесто́й
семь	7	седьмо́й
во́семь	8	восьмо́й
де́вять	9	девя́тый
де́сять	10	деся́тый
оди́надцать	11	оди́ннадцатый
двена́дцать	12	двена́дцатый
трина́дцать	13	трина́дцатый
четы́рнадцать	14	четы́рнадцатый
пятна́дцать	15	пятна́дцатый
шестна́дцать	16	шестна́дцатый
семна́дцать	17	семна́дцатый
восемна́дцать	18	воесмна́дцатый
девятна́дцать	19	девятна́дцатый
два́дцать	20	двадца́тый
два́дцать оди́н	21	два́дцать пе́рвый
два́дцать пять	25	два́дцать пя́тый
три́дцать	30	тридца́тый
три́дцать пять	35	три́дцать пя́тый
соро́к	40	сороково́й

пятьдеся́т	50	пятидеся́тый
шестьдеся́т	60	шестидеся́тый
се́мьдесят	70	семидеся́тый
во́семьдесят	80	восьмидеся́тый
девяно́сто	90	девяно́стый
сто	100	со́тый
сто оди́н	101	сто пе́рвый
сто пятьдеся́т	150	сто пятидеся́тый
две́сти	200	двухсо́тый
три́ста	300	трёхсо́тый
четы́реста	400	четырёхсо́тый
пятьсо́т	500	пятисо́тый
шестьсо́т	600	шестисо́тый
семьсо́т	700	семисо́тый
восемьсо́т	800	восьмисо́тый
девятьсо́т	900	девятисо́тый
ты́сяча	1,000	ты́сячный
миллио́н	1,000,000	миллио́нный
миллиа́рд	1,000,000,000	миллиа́рдный

02 국명 · 수도 · 사람

국명	수도	사람
Russia Россия (러시아)	Moscow Москва (모스크바)	(남) ру́сский, россия́нин (여) ру́сская, россия́нка
Ukraina Украина (우크라이나)	Kiev Киев (키예프)	(남) украи́нец (여) уркаи́нка
Belarus Беларусь (벨라루스)	Minsk Минск (민스크)	(남) белару́с (여) белару́ска
Kazakhstan Казахстан (카자흐스탄)	Almaty Алматы́ (알마티)	(남) каза́х (여) каза́шка
Uzbekistan Узбекистан (우즈베키스탄)	Tashkent Ташкент (타슈켄트)	(남) узбе́к (여) узбе́чка
Turkmenistan Туркменистан (투르크메니스탄)	Ashkhabad Ашхабад (아슈하바트)	(남) туркме́н (여) туркме́нка
Kyrgyzstan Кыргызстан (키르기스스탄)	Bishkek Бишкек (비슈케크)	(남) кыргы́з (여) кыргы́зка
Tadzhikistan Таджикистан (타지키스탄)	Dushanbe Душанбе (두샨베)	(남) таджи́к (여) таджи́чка
Gruziy Грузия (그루지야)	Tbilisi Тбилиси (트빌리시)	(남) грузи́н (여) грузи́нка
Moldova Молдова (몰도바)	Kishinev Кишинёв (키시네프)	(남) молдова́нин (여) молдова́нка
Armenia Армения (아르메니아)	Erevan Ереван (예레반)	(남) армяни́н (여) армя́нка
Azerbaidzh Азербайджан (아제르바이잔)	Baku Баку (바쿠)	(남) азербайджа́нец (여) азербайджа́нка
Estonia Эстония (에스토니아)	Tallin Таллинн (탈린)	(남) эсто́нец (여) эсто́нка
Lithuania Литва (리투아니아)	Vilnyus Вильнюс (빌뉴스)	(남) лито́вец (여) лито́вка
Latvia Латвия (라트비아)	Riga Рига (리가)	(남) латви́ец (여) латви́йка

03 직위·학위와 학위과정

회사의 직위

회장	Председа́тель
부회장	Ви́це-председа́тель
사장	Президе́нт
부사장	Ви́це-президе́нт
전무	Генера́льный дире́ктор 또는 Ста́рший исполни́тельный дире́ктор
상무	Исполни́тельный дире́ктор
이사	Дире́ктор
부장	Генера́льный ме́неджер
차장	Замести́тель генера́льного ме́неджера
과장	Ме́неджер
대리	Ассисте́нт ме́неджера
사원	Помо́щник ме́неджера
전문가	Экспе́рт
엔지니어	инжене́р

정부의 직위

대통령	Президе́нт
수상	Премье́р-мини́стр
부수상	Замести́тель премье́р-мини́стра
장관	Мини́стр
차관	Замести́тель мини́стра (Зам. мини́стра)
국장	Нача́льник управле́ния
과장	Дире́ктор конто́ры 또는 Заве́дующий отде́лом
자문	Консульта́нт
고문	Сове́тник

대학의 직위

총장	Ре́ктор
학장	Дека́н
부총장	Ви́це-ре́ктор
학과장	Заве́дующий ка́федрой
차장	Проре́ктор
정교수	Профе́ссор
강사	ассисте́нт
부교수, 조교수	Доце́нт
조교	лабора́нт
전임강사	Ста́рший преподава́тель

과학 아카데미의 직위

과학아카데미 정회원	Акаде́мик
과학아카데미 준회원	Член-корреспонде́нт
최고급 연구원	Веду́щий нау́чный сотру́дник (ВНС)
고급 연구원	Ста́рший нау́чный сотру́дник (СНС)
중급 연구원	Нау́чный сотру́дник (НС)
연구원	Мла́дший нау́чный сотру́дник (МНС)

* Кандида́т학위를 받으면 과학아카데미에서는 МНС로 임명되고, 대학에서는 асистент나 старший преподаватель이 된다. 국가박사만 профессор가 될 수 있다.

학위와 학위과정

학위	학위과정	학생
до́ктор 국가박사		доктора́нт
кандида́т 준박사, 박사	аспиранту́ра 대학원 박사과정	аспира́нт
маги́стр 석사	магистрату́ра 석사과정	магистра́нт
бакала́вр 학사	университе́т 종합대학	студе́нт
	институ́т 단과대학(4년제)	
атеста́т зре́лости	те́хникум 전문대학(2년제)	уча́щийся
	учи́лище 전문대학	

04 국제기구명

국제 기구	
Организа́ция Объединённых На́ций, ООН	United Nations, UN 국제연합
Европе́йский Сою́з, ЕС	European Union, EU 유럽연합
Междунаро́дное аге́нство по ато́мной эне́ргии, МАГАТЭ	International Atomic Energy Agency, IAEA 국제원자력기구
Всеми́рнаяТорго́ваяОрганиза́ция, ВТО	World Trade Organization, WTO 세계무역(통상)기구
Организа́ция экономи́ческого сотру́дничества и разви́тия, ОЭСР	Organization for Economic Cooperation and Development, OECD 경제협력개발기구
Междунаро́дная организа́ция по стандартиза́ции, МСО	International Organization for Standartization, ISO 국제표준화기구
Генера́льное соглаше́ние по торго́вле и тари́фам, ГАТТ	General Agreement on Tariffs and Trade, GATT 관세및 무역에 관한 일반협정
Междунаро́дная торго́вая пала́та, МПП	International Chamber of Commerce, ICC 국제상공회의소
Европе́йское экономи́ческое соо́бщество, ЕЭС, «Общийры́нок»	European Economic Community, EEC, "Common market" 유럽경제공동체
Европе́йская ассоциа́ция свобо́дной торго́вли, ЕАСТ	European Free Trade Assosiation, EFTA 유럽자유무역연합
Междунаро́дный банк экономи́ческого сотру́дничества, МБЭС	International Bank for Economic Cooperation, IBEC 국제경제협력은행
Междунаро́дный инвестицио́нный банк, МИБ	International Investment Bank, IIB 국제투자은행
Междунаро́дная ассоциа́ция разви́тия, МАР	International Development Association, IDA 국제개발협회

Междунаро́дный банк реконстру́кции и разви́тия, МБРР	International Bank for Resonstruction and Development, IBRD 세계은행(국제부흥개발은행)
Междунаро́дный валю́тный фонд, МВФ	International Monetary Fund, IMF 국제통화기금
Банк междунаро́дных расчётов, БМР	Bank for International Settlements, BIS 국제결제은행
Европе́йский инвестицио́нный банк, ЕИБ	European Invesyment Bank, EIB 유럽투자은행
Экономи́ческийи Социа́льный Сове́т ООН, ЭКОСОС	UN Economic and Social Council, ECOSOC 유엔경제사회이사회
Организа́ция ООН по вопро́сам образова́ния, нау́ки и культу́ры, ЮНЕСКО	UN Educational, Scientific and Cultural Organization, UNESCO 유엔교육과학문화기구
Конфере́нция ООН по торго́вому разви́тию, ЮНКТАД	UN Conference on Trade and Development, UNCTAD 유엔무역개발회의
Организа́ция ООН по промы́шленному разви́тию, ЮНИДО	UN Industrial Development Organization, UNIDO 유엔공업개발기구
Европе́йская экономи́ческая коми́ссия ООН, ЕЭК	UN Economic Commission for Europe, ECE 유엔경제위원회
Экономи́ческая и социа́льная коми́ссия ООН для А́зии и Ти́хогоокеа́на, ЭСКАТО	UN Economic and Social Commission for Asia and the Pasific, ESCAP 아시아태평양경제사회위원회
Экономи́ческая коми́ссия ООН для А́фрики, ЭКА	UN Economic Commission for Afrika, ECA 아프리카경제위원회
Экономи́ческая коми́ссия ООН для Лати́нской Аме́рики, ЭКЛА	UN Economic Commission for Latin America, ECLA 라틴아메리카경제위원회
Всеми́рная организа́ция интеллектуа́льной со́бственности, ВОИС	World Intellectual Prorerty Organization, WIPO 세계지적재산권기구
Продово́льственная и сельскохозя́йственная организа́ция ООН, ФАО	Food and Agricultural Organization of the United Nations, FAO 유엔식량농업기구

05 지명

A. 나라

대륙 · 나라	형용사형	사람
Австра́лия 오스트레일리아	Австрали́йский	Австрали́ец
А́зия 아시아	Азиа́тский	Азиа́т
Аме́рика 아메리카	Америка́нский	Америка́нец
А́фрика 아프리카	Африка́нский	Африка́нец
Евро́па 유럽	Европе́йский	Европе́ец
А́встрия 오스트리아	Австри́йский	Австри́ец
А́нглия 잉글랜드	Англи́йский	Англича́нин
Ара́бскиестра́ны 아라비아	Ара́бский	Ара́б
Аргенти́на 아르헨티나	Аргенти́нский	Аргенти́нец
Афганиста́н 아프가니스탄	Афга́нсикй	Афга́нец
Бе́льгия 벨기에	Бельги́йский	Бельги́ец
Би́рма 미얀마(버마)	Бирма́нский	Бирма́нец
Болга́рия 불가리아	Болга́рский	Болга́рин
Боли́вия 볼리비아	Боливи́йский	Боливи́ец
Брази́лия 브라질	Брази́льский	Брази́лец
Великобрита́ния 영국	Брита́нский	-
Ве́нгрия 헝가리	Венге́рский	Венгр
Венесуэ́ла 베네수엘라	Венесуэ́льский	Венесуэ́лец

Герма́ния 독일	Герма́нский; неме́цкий	Не́мец
Голла́ндия 네덜란드	Голла́ндский	Голла́ндец
Гре́ция 그리스	Гре́ческий	Грек
Да́ния 덴마크	Да́тский	Датча́нин
Еги́пет 이집트	Еги́петский	Египтя́нин
Ира́к 이라크	Ира́кский	Ира́кец
Ира́н 이란, 페르시아	Ира́нский; перси́дский	Ира́нец, перс
Ирла́ндия 아일랜드	Ирла́ндский	Ирла́ндец
Исла́ндия 아이슬란드	Исла́ндский	Исла́ндец
Испа́ния 에스파냐(스페인)	Испа́нский	Испа́нец
Ита́лия 이탈리아	Италья́нский	Италья́нец
Кана́да 캐나다	Кана́дский	Кана́дец
Кита́й 중국	Кита́йский	Кита́ец
Колу́мбия 콜롬비아	Колумби́йский	Колумби́ец
Коре́я 한국	Коре́йский	Коре́ец
Люксембу́рг 룩셈부르크	Люксембу́ргский	Люксембу́ржец
Ме́ксика 멕시코	Мексика́нский	Мексика́нец
Монго́лия 몽고(몽골)	Монго́льский	Монго́л
Норве́гия 노르웨이	Норве́жский	Норве́жец
Пана́ма 파나마	Пана́мский	Пана́мец
Парагва́й 파라과이	Парагва́йский	Парагва́ец
По́льша 폴란드	По́льский	Поля́к
Португа́лия 포르투갈	Португа́льский	Португа́лец
Росси́я 러시아	Ру́сский; росси́йский	Ру́сский; россия́нин

Росси́я 러시아	Ру́сский; росси́йский	Ру́сский, россия́нин
Румы́ния 루마니아	Румы́нский	Румы́н
Соединённые Шта́ты Аме́рики 미국	Америка́нский	Америка́нец
Ту́рция 터키	Туре́цкий	Ту́рок
Уругва́й 우루과이	Уругва́йский	Уругва́ец
Финля́ндия 핀란드	Финля́ндский; фи́нский	Финн
Фра́нция 프랑스	Францу́зский	Францу́з
Чехослова́кия 체코슬로바키아	Чехслова́цкий	Чехислова́к
Чи́ли 칠레	Чили́йский	Чили́ец
Швейца́рия 스위스	Швейца́рский	Швейца́рец
Шве́ция 스웨덴	Шве́дский	Швед
Эквадо́р 에콰도르	Эквадо́рский	Эквадо́рец
Югосла́вия 유고슬라비아	Югосла́вский	-
Япо́ния 일본	япо́нский	япо́нец

Б. 산맥

Алта́й	알타이 산맥
А́льпы	알프스 산맥
Кавка́з	카프카스 산맥
Казбе́к	카스베크 산맥
Карпа́ты	카르파티아 산맥
Пами́р	파미르 산
Пирене́и	피레네 산맥
Та́ты	타트라 산맥
Тянь-Шань	텐산 산맥
Ура́л	우랄 산맥
Эльбру́с	엘브루스 산맥

В. 바다 · 수역

Адриати́ческое мо́ре	아드리아 해
Азо́вское мо́ре	아조프 해
Ара́льское мо́ре	아랄 해
Атланти́ческий океа́н	대서양
Байка́л	바이칼 (호)
Балха́ш	발하슈 (호)
Балти́йское мо́ре	발트 해
Баскунча́к, о́зеро	바스쿤차크 (호)
Бе́лое мо́ре	백해
Бе́рингово мо́ре	베링 해
Бе́рингов проли́в	베링 해협
Босфо́р	보스포루스 해협
Дардане́ллы	다르다넬스 해협
Ильмень	일멘 호
Ка́рское мо́ре	카라 해
Каспи́йское мо́ре	카스피 해
Кра́сное мо́ре	홍해
Ла́дожское мо́ре	라도가 호
Се́верный Ледови́тый океа́н	북극해
Оне́жское мо́ре	오네가 호
Се́верное мо́ре	북해
Средизе́мное мо́ре	지중해
Ти́хий океа́н	태평양
Чёрное мо́ре	흑해
Чуко́тское мо́ре	추코트 해
Эльто́н, о́зеро	엘튼 호

Г. 강

Аму-Дарья́	아무다리야 강
Аму́р	아무르 강
Ангара́	앙가라 강
Березина́	베레지나 강
Буг	부크 강
Ви́сла	비슬라 강
Во́лга	볼가 강
Десна́	데스나 강
Днепр	드네프르 강
Днестр	드네스트르 강
Дон	돈 강
Доне́ц	도네츠 강
Дуна́й	다뉴브 강
Енисе́й	예니세이 강
За́падная Двина́	서(西)드비나 강
Ирты́ш	이르티슈 강
Ка́ма	카마 강
Куба́нь	쿠반 강
Кура́	쿠라 강
Ле́на	레나 강
Нева́	네바 강
Не́ман	네만 강
Обь	오브 강
Ока́	오카 강
Оне́га	오네가 강
Печо́ра	페초라 강
Прут	프루트 강
Рейн	라인 강
Се́верная Двина́	북(北)드비나 강
Сыр-Дарья́	시르다리야 강
Те́рек	테레크 강
Тобо́л	토볼 강

06 계량단위

А. 길이
(미터법)

киломе́тр	킬로미터
ме́тр	미터
сантиме́тр	센티미터
миллиме́тр	밀리미터

Б. 넓이
(미터법)

гекта́р	헥타르

В. 무게
(미터법)

то́нна	톤
це́нтнер	첸트네르(100kg)
килогра́мм	킬로그램
грамм	그램
миллигра́мм	밀리그램

Г. 액체

литр	리터

07 약어 · 약기호

약어

в.	век (century) 세기
В.	восто́к (east) 동(東)
вкл.	включе́ние, включи́тельно (inclusion, including) ~을 포함해서
вм.	вме́сто (instead of) …대신에
вт. ч.	в том числе́ (including) ~을 포함해서
гл. обр.	гла́вным о́бразом (mostly, mainly) 주로
Ж	Же́нская (убо́рная) (women's room) 여자화장실
ж.д.	Желе́зная доро́га (railroad) 철도
З	за́пад (west) 서(西)
зав.	заве́дующий (manager, chief) 소장
зам.	замести́тель (substitute, deputy) 차관, 차석
и др.	и други́е (and others) …등등
им.	и́мени (named after) …의 이름을 딴
и пр.	и про́чее (and so on) …등등
и т. д.	и так да́лее (and so forth) …등등
и т. п.	и тому́ подо́бное (and so on, et cetera) …등등
Л.	Ленингра́д (Leningrad) 레닌그라드
М., М	метро́ (subway (station)) 지하철
	Москва́ (Moscow) 모스크바
	Мужска́я (убо́рная) (men's room) 남자화장실
м. б.	мо́жет быть (perhaps) 아마
м. г.	мину́вшего го́да (last year) 작년
напр.	наприме́р (for example) 예를 들어
н. э.	на́шей эры (Anno Domini (дон. э. Before Christ)) 기원후, 서기(기원전)
ок.	о́коло (near, about) 약, 대략
пом.	помо́щник (assistant) 조수, 보조인
приб.	приблизи́тельно (approximately) 대략
ред.	реда́кция, реда́ктор (editorial office, editor) 편집실, 편집자
С	се́вер (north) 북(北)
с. г.	сего́ го́да (this year) 올해
сл. обр.	сле́дующим о́бразом (as follows) 다음과 같은
см.	смотри́ (see, refer to) ~을 참조
СПб	Санкт-Петербу́рг (Saint Petersburg) 상트 페테르부르크
ср.	сравни́ (compare) 비교
стр.	страни́ца (page) 페이지
т. е.	то́ есть (that is) 다시 말해, 즉
т. к.	та́к как (since) ~이기 때문에
т. наз.	так называ́емый (so-called) 소위
т. обр.	таки́м о́бразом (in this way, thus) 이렇게
тов.	това́рищ (comrade) 동지
ул.	у́лица (street) 거리
Ю.	юг (south) 남(南)

약기호(略記號)

Метр	– м
Сантиме́тр	– см
Миллиме́тр	– мм
Микро́н (0,001 мм)	– мк
Миллимикро́н	– ммк
Литр	– л
Миллили́тр (куб.сантиме́тр– 0,001 л)	– мл
Микроли́тр (куб.миллиме́тр– 0,001 мл)	– мкл
Килогра́мм	– кг
Грамм	– г
Миллигра́мм	– мг
Микрогра́мм (грамма, 0,001 мг)	– мкг
Миллимикрогра́мм	– ммкг
Ми́кро-микрогра́мм (пикогра́мм, 10 – 12 г)	– мкмкг
Грамм – а́том	– гатом
Грамм – моле́кула	– моль
Миллигра́мм – моле́кула (0,001 моля)	– моль
Микромо́ль (10 – 6 моля)	– мкмоль
Грамм – эквивале́нт	– гэкв
Ми́лли – эквивале́нт (0,001 гэ́кв)	– мэкв
Моля́рность	– М
Норма́льность	– н
Объёмные проце́нты	– об.%
Гра́ммы на 100 мл	– г%
Миллигра́ммы или микрогра́ммы на 100 мл	– мг% илимкг%, 3 мг/млили 5 мкмоль/мл
Атмосфе́ра	– ат
Миллиме́тры рту́тного столба́	– ммрт.ст.
Кало́рия	– кал
Больша́я кало́рия (100 кал)	– ккал
Ампе́р	– а
Миллиампе́р (10-6 а)	– мкА
Вольт	– в
Милливо́льт	– мв
Рентге́н	– р
Кюри́	– кюри
Милликюри́	– мкюри
Оборо́ты в мину́ту	– об/мин
А́томный вес	– ат.в.
Молекуля́рный вес	– мол.в.
Уде́льный вес	– уд.в.
Уде́льный объём	– уд.об.
Температу́ра плавле́ния	– г.пл.
Температу́ра кипе́ния	– г.кип.

08 러시아의 남·녀 이름

A. 러시아 남자 이름

(밑줄친 이름은 많이 쓰이는 이름)

이름, 부칭(Полное личное имя, отчество)	애칭(уменьшительные формы)
<u>Алекса́ндр</u> Алекса́ндрович Алекса́ндровна	Са́ша, Шу́ра, Са́ня (Алик)
<u>Алексе́й</u> Алексе́евич Алексе́евна	Алёша, Лёша, Лёха
<u>Анато́лий</u> Анато́льевич (-иевич) Анато́льевна (-иевна)	То́ля, (можно еще То́лик)
<u>Андре́й</u> Андре́евич Андре́евна	Андрю́ша
Анто́н Анто́нович Анто́новна	Анто́ша (То́ша)
Арка́дий Арка́дьевич (-иевич) Арка́дьевна (-иевна)	Арка́ша
<u>Бори́с</u>	Бо́ря (Бо́ба, Боб)
Вади́м	Ва́дик (Ва́дя)
Валенти́н	Ва́ля, (можно еще Ва́лик)
Вале́рий Вале́рьевич (-иевич) Вале́рьевна (-иевна)	Вале́ра (Ва́ля, Ле́ра)
Валерья́н <u>Васи́лий</u> Васи́льевич Васи́льевна	Вале́ра (Ва́ля, Ле́ра) Ва́ся
Вениами́н	Ве́ня
Ви́ктор	Ви́тя
Вита́лий Вита́льевич (-иевич) Вита́льевна (-иевна)	Вита́ля, (Виталик)
<u>Влади́мир</u>	Воло́дя, Во́ва
Владисла́в	Вла́дик, Вла́дя, Сла́ва
Все́волод	Се́ва
Вячесла́в	Сла́ва, Сла́вик
<u>Генна́дий</u> Генна́дьевич (-иевич) Генна́дьевна (-иевна)	Ге́ня, Ге́на, Ге́ша

178 부록

Гео́ргий, Его́р	Жора, Жорж, Го́ша, Го́га, Юра
Гео́ргиевич	
Гео́ргиевна	
Ге́рман	Ге́ра (Ге́ша)
Глеб	Глеб
Григо́рий	Гри́ша
Григо́рьевна	
Григо́рьевич	
Дми́трий	Ди́ма, Ми́тя
Дми́триевич	
Дми́триевна	
Евге́ний	Же́ня
Евге́ньевич (-иевич)	
Евге́ньевна (-иевна)	
Ива́н	Ва́ня
И́горь	
И́горевич	
И́горевна	
Илья́	Илю́ша, Илью́ша
Ильи́ч	
Ильи́нична	
Климе́нт	Клим
Константи́н	Ко́стя
Лев	Лёва
Льво́вич	
Льво́вна	
Леони́д	Лёня
Лео́нтий	Лёня
Лео́нтьевич (-иевич)	
Лео́нтьевна (-иевна)	
Макси́м	
Михаи́л	Ми́ша
Миха́йлович	
Миха́йловна	Сла́ва
Мстисла́в	
Ники́та	
Ники́тич	
Ники́тична	
Никола́й	Ко́ля
Никола́евич	
Никола́евна	
Оле́г	Оле́г
Па́вел	Па́ша
Па́влович	
Па́вловна	
Пётр	Пе́тя
Петро́вич	
Петро́вна	
Родио́н	Ро́дя
Рома́н	Ро́ма
Ростисла́в	Сла́ва, Ро́стя
Серге́й	Серёжа
Серге́евич	
Серге́евна	

Станисла́в	Ста́сик (Сла́ва, Стас)
Степа́н	Стёпа
Фёдор	Фе́дя
Эдуа́рд	Э́дик
Ю́рий	Ю́ра
Ю́рьевич	
Ю́рьевна	
Я́ков	Я́ша
Я́ковлевич	
Я́ковлевна	

Б. 러시아 여자 이름

이름(По́лное ли́чное и́мя, о́тчество)	애칭(уменьши́тельные фо́рмы)
А́да, Аделаи́да	А́да
Алекса́ндра	Са́ша, Шу́ра, Са́ня
Али́на	А́ля (Ли́на)
А́лла	А́ля
Анастаси́я, Наста́сья	На́стя, А́ся
А́нна	А́ня, Ню́ра (Ню́та, Ню́ша, Ню́ся)
Бе́лла (Бе́ла, Бэ́ла)	Бе́ла (Бэ́ла)
Валенти́на	Ва́ля (Ти́на)
Вале́рия	Ва́ля, Ле́ра
Варва́ра	Ва́ря
Ве́ра	Ве́ра
Верони́ка	Ни́ка, Ве́ра
Гали́на	Га́ля
Да́рья	Да́ша
Жа́нна	Жа́нна
Евге́ния	Же́ня
Евдоки́я (Авдо́тья)	Ду́ся, Ду́ня
Екатери́на, Катери́на	Ка́тя
Еле́на (Алёна)	Ле́на (Лёня)
Елизаве́та (Лизаве́та)	Ли́за
Зинаи́да	Зи́на
Зо́я	Зо́я
Изабе́лла, Изабэ́лла	Бе́лла (Бе́ла, Бэ́ла)
И́нна	И́нна
Ине́сса	И́на
Ираи́да	И́ра, И́да
Ири́на (Ари́на)	И́ра
Капитоли́на	Ка́па (Ли́на)
Ки́ра	Ки́ра
Кла́вдия	Кла́ва (Кла́ня, Кла́ша)
Кла́ра	Кла́ра
Ксе́ния (Акси́нья)	Ксе́ня, (Ксю́ша)
Лари́са	Ла́ра (Ло́ра)
Ли́дия	Ли́да
Ли́лия	Ли́ля
Любо́вь	Лю́ба
Людми́ла	Лю́ся, Ми́ла, Лю́да
Ма́йя	Ма́я
Маргари́та	Ри́та
Мари́на	Мари́на (Ма́ра, Ри́на)

Мари́я, Ма́рья	Ма́ша, Мару́ся, Ма́ня (Му́ся, Ма́ра, Му́ра)
Наде́жда	На́дя
Ната́лья (Ната́лия)	Ната́ша (На́та)
Не́лли, Нэ́лли	Не́ля, Нэ́ля
Ни́на	Ни́на
Но́нна	Но́нна, Но́на
О́льга	Оля (Лёля, Ля́ля)
Поли́на	По́ля
Раи́са	Ра́я
Ри́мма	Ри́мма
Светла́на	Све́та (Ла́на)
Со́фья	Со́ня
Тама́ра	Тама́ра (То́ма)
Татья́на	Та́ня (Та́та)
Элла	Элла
Эмма	Эмма
Юлия	Юля

09 화학원소기호

1 H водород́ 수소									
3 Li ли́тий 리튬	4 Be бери́ллий 베릴륨								
11 Na на́трий 나트륨	12 Mg ма́гний 마그네슘								
19 K ка́лий 칼륨	20 Ca ка́льций 칼슘	21 Sc ска́ндий 스칸듐	22 Ti тита́н 바나듐	23 V вана́дий 수소	24 Cr хром 크로뮴	25 Mn ма́рганец 망간	26 Fe желе́зо 철	27 Co ко́бальт 코발트	
37 Rb руби́дий 루비듐	38 Sr стро́нций 스트론튬	39 Y и́ттрий 이트륨	40 Zr цирко́ний 지르코늄	41 Nb нио́бий 니오브	42 Mo молибде́н 몰리브덴	43 Tc технéций 테크네튬	44 Ru руте́ний 루테늄	45 Rh ро́дий 로듐	
55 Cs це́зий 세슘	56 Ba ба́рий 바륨	57 La ланта́н 란타늄	72 Hf га́фний 하프늄	73 Ta танта́л 탄탈	74 W вольфра́м 텅스텐	75 Re ре́ний 레늄	76 Os о́смий 오스뮴	77 Ir ири́дий 이리듐	
87 Fr фра́нций 프랑슘	88 Ra ра́дий 라듐	89 Ac акти́ний 악티늄							

58 Ce це́рий 세륨	59 Pr празеоди́м 프라세오디뮴	60 Nd неоди́м 네오디뮴	61 Pm проме́тий 프로메튬	62 Sm сама́рий 사마륨	63 Eu евро́пий 유로퓸
90 Th то́рий 토륨	91 Pa протакти́ний 프로트악티늄	92 U ура́н 우라늄	93 Np непту́ний 넵투늄	94 Pu плуто́ний 플루토늄	95 Am амери́ций 아메리슘

																	2 **He** гелий 헬륨
												5 **B** бор 붕소	6 **C** углерод 탄소	7 **N** азот 질소	8 **O** кислород 산소	9 **F** фтор 플루오르	10 **Ne** неон 네온
												13 **Al** алюминий 알루미늄	14 **Si** кремний 규소	15 **P** фосфор 인	16 **S** сера 황	17 **Cl** хлор 염소	18 **Ar** аргон 아르곤
		28 **Ni** никель 니켈	29 **Cu** медь 구리	30 **Zn** цинк 아연	31 **Ga** галлий 갈륨	32 **Ge** германий 게르마늄	33 **As** мышьяк 비소	34 **Se** селен 셀레늄	35 **Br** бром 브로민	36 **Kr** криптон 크립톤
		46 **Pd** палладий 팔라듐	47 **Ag** серебро 은	48 **Cd** кадмий 카드뮴	49 **In** индий 인듐	50 **Sn** олово 주석	51 **Sb** сурьма 안티몬	52 **Te** теллур 텔루륨	53 **I** йод 요오드	54 **Xe** ксенон 제논
		78 **Pt** платина 백금	79 **Au** золото 금	80 **Hg** ртуть 수은	81 **Tl** таллий 탈륨	82 **Pb** свинец 납	83 **Bi** висмут 비스무트	84 **Po** полоний 폴로늄	85 **At** астат 아스탄틴	86 **Rn** радон 라돈

64 **Gd** гадолиний 수소	65 **Tb** тербий 테르븀	66 **Dy** диспрозий 디스프로슘	67 **Ho** гольмий 홀뮴	68 **Er** эрбий 에르븀	69 **Tm** тулий 툴륨	70 **Yb** иттербий 이터븀	71 **Lu** лютеций 루테튬
96 **Cm** кюрий 퀴륨	97 **Bk** беркелий 버클륨	98 **Cf** калифорний 캘리포늄	99 **Es** эйнштейний 아인시타이늄	100 **Fm** фермий 페르뮴	101 **Md** менделевий 멘델레븀	102 **No** нобелий 노벨륨	103 **Lr** лоуренсий 로렌슘

10 컴퓨터 용어

компью́тер 컴퓨터
устро́йство виртуа́льной па́мяти
    가상 기억장치
найти́, по́иск 찾기, 검색
вход, межсетево́й интерфе́йс
    인터페이스
резолю́ция 해상도
глоба́льная сеть 글로벌 네트워크
гигаба́йт 기가바이트
храни́лище, запомина́ющее устро́йство,
    па́мять 저장 메모리 장치
сеть, подключе́ние к сети́ 네트워크
граждани́н сети́ 시민 네트워크
портати́вный компью́тер, компью́тер-
    блокно́т 노트북
пониже́ние 감소
загру́зка, пересы́лка, переноси́ть
    фа́йлов из – в 다운로드, 전송, 파일전송
компью́тер с мно́гими по́льзователями
    여러 사용자 컴퓨터
термина́л, обору́дование термина́ла
    터미널, 단말장치
отве́тить 답글
банк [ба́за] да́нных 은행 (기본) 터미널
банг файл 플레이 파일
владе́ние, о́бласть, сфе́ра, доме́н 소유권,
    지역, 영역, 도메인
то́чка 포인트
наза́д 돌아가기
лока́льная сеть, се́рвер лока́льной сети́,
    лан се́рвер lan, lan 서버, 랜서버
запомина́ющее устро́йство
    с произво́льной вы́боркой (зупв)
    랜덤 액세스 메모리 저장 장치(ram)
ла́зерный (ана́логовый)
    диск 레이저 (아날로그) 디스크
вы́ход 출력

войти́ 입력
нача́ло сеа́нса 세션의 시작
мышь (манипуля́тор) 마우스(포인팅 장치)
мегаба́йт 메가바이트
моде́м 모뎀
текст файл 텍스트 파일
прове́рка ви́руса 검사 바이러스
антиви́русная програ́мма
    안티 바이러스 소프트웨어
штрихово́й код 바코드
рабо́чий стол 데스크
входя́щие 수신
отпра́вленные 제출
очи́стить 지우기
руково́дство по́льзователя,
    путеводи́тель по 사용자 설명서, 프로그램
    가이드
гру́ппа по́льзователей 사용자 그룹
и́мя по́льзователя 아이디
сайт 웹사이트
удали́ть 제거
обнови́ть 업데이트
програ́ммное обеспе́чение компью́тера
    컴퓨터 소프트웨어
скани́ровать 검색
полоса́ прокру́тки 스크롤
спам по́чта, черновики́, письмо́ с
    рекла́мой, вноси́ть в чёрный спи́сок
    스팸 메일, 초안, 이메일 광고, 블랙리스트를
    포함시키다
спекуля́ция, специфика́ция 사양시트
вы́ключить компью́тер 컴퓨터 종료
пуск 시작
по́иск 검색
ико́нка, файл ико́нки 아이콘, 아이콘 파일
информацио́нные техноло́гии 정보 기술
междунаро́дный сою́з электросвя́зи

국제 전기 통신 연합
интерне́т-а́дрес, ip а́дрес
  인터넷 주소, ip 주소
до́ступ, прямо́й до́ступ, мультидо́ступ
  액세스, 직접 액세스, 다중 접속
подъём, повыше́ние техни́ческих возмо́жностей компью́тера
  증가, 컴퓨터 기술 능력발달
дистанцио́нный до́ступ 원격 액세스
дистанцио́нное управле́ние 원격 제어
телесвя́зь, дистанцио́нная свя́зь
  통신, 원격통신
(web-): сеть, паути́на, диск, web - сайт, web – се́рвер, web – бра́узер, web – страни́ца, сайт в интерне́те
  (웹) : 네트워크, 웹, cd, 웹-사이트. 웹-서버. 웹-브라우저, 웹-페이지, 인터넷사이트
спу́тниковая навигацио́нная систе́ма
  위성 항법 시스템
вездесу́щий, повсеме́стный, встреча́ющийся повсю́ду
  편재, 유비쿼터스, 모든 곳에서 발견
вездесу́щий компью́тер
  유비쿼터스 컴퓨터
единоо́бразный указа́тель ресу́рса, унифици́рованный спо́соб определе́ния расположе́ния ресу́рса 법용 자원이 위치를 결정하기 위한 표준화된 방법
универса́льная после́довательная ши́на
  범용 직렬 버스(universal serial bus)
голосова́я по́чта, речева́я по́чта
  음성 메일
гла́сное опозна́ние, гла́сное узнава́ние
  모음의 식별, 모음 인식
электро́нная по́чта, посыла́ть сообще́ние по электро́нной по́чте
  이메일, 전자메일 보내기
печа́ть 인쇄
аутентифика́ция, опознава́ние, сертифика́ция 인증, 식별, 인증
оди́н из рабо́чих о́рганов рабо́чего сове́та сети́ интерне́т 인터넷의 노동자 협의회의 협력기관 중 하나
интерне́т, всеми́рная компью́терная сеть 인터넷, 월드 와이드 웹
инфраструкту́ра, созда́ние инфраструкту́ры чего 인프라, 인프라의 생성

java – скри́пты 자바 - 스크립트
пересла́ть 앞으로
аренд́ованная ли́ния 전용 회선
делов́ые опера́ции, осуществля́емые че́рез интерне́т
  사업 거래는 인터넷을 통해 수행
макулату́рная по́чта 정크메일
интегра́льная се́рвисная цифрова́я се́ть
  통합 서비스 디지털 네트워크
адреса́ 주소
останови́ть 중지
чат 채팅
коне́чный потреби́тель 엔드 유저
курсо́р, стре́лка, указа́тель, движо́к
  커서 화살표 포인트 커서
челове́к, не уме́ющий по́льзоваться компью́тером 컴퓨터를 사용할 수 없는 사람
компью́терная игра́ 컴퓨터 게임
компью́терная подде́лка (моше́нничество) 컴퓨터 조작(사기)
гра́фика (компью́терная гра́фика)
  그래픽(컴퓨터 그래픽)
ключево́е сло́во, колонти́тул
  키워드, 바닥 글
килоба́йт 킬로바이트
теле - ба́нкинг 텔레-은행
файл, спря́танный файл 파일, 숨김 파일
ко́довое сло́во 코드 워드
передава́ть по фа́ксу 팩스
па́пка 폴더
форма́т 형식
программи́ст 프로그래머
се́рвер – посре́дник, про́кси – се́рвер 서버 - 중간 프록시 - 서버
пи́ксел(ь) 픽셀
аппара́тные сре́дства 하드웨어
охо́тник за секре́тной информа́цией
  컴퓨터 기밀 정보 사냥꾼
ха́кер 해커
домо́й 홈
дистанцио́нный зака́з това́ров 원격 주문 상품
дома́шняя страни́ца 홈페이지
корзи́на 장바구니

11 비즈니스 용어

А

ава́нс advance 선불(선수)
авиакомпа́ния air company 항공회사
авиатра́нспорт air transport 항공 수송
авиафра́хт air freight 항공 수송・항공 화물
авуа́ры assets, holdings 외화 예금
аге́нт agent, broker 대리인・중개인
аге́нт, торго́вый commercial agent 무역 대리인(점)
аге́нство agency 대리점, 취급점
администра́ция administration, management 관리, 관리 기관
аккредити́в letter of credit (L/C) 신용장
аккредити́в, безотзы́вный irrevocable letter of credit 취소 불능 신용장
акт, комме́рческий commercial act 손해조서
акт осмо́тра inspection certihcate, inspection report 검사서, 검열서
акт приёмки acceptance report, acceptance certificate 상품・어음의 인수서
акт эксперти́зы certificate of expert's examination 전문가의 검사서
акти́вы assets 자산
акти́вы, ликви́дные liquid assets 유동 자산
акти́вы, неликви́дные fixed assets 고정 자산
акце́пт acceptance 환・어음・수표의 인수
акце́пт счёта acceptance of a bill 어음 인수
акционе́р stockholder 주주
а́кция share, stock 주식, 주권
ана́лиз фина́нсового состоя́ния financial analysis 재무 분석
аннули́рование зака́за cancellation of an order 주문 취소
арби́тр arbitrator 중재자, 조정자
арбитра́ж arbitration 중재
аре́нда lease, rent(ing) 임대・임대료
аре́нда пло́щади rent of space 장소 임대
аренда́тор leaseholder 임차인
ассортиме́нт assortment, range 품종, 품종으로 나눈 상품, 구색
аттеста́ция assessment, attestation 증명(서)
ауди́тор auditor, certified public accountant 감사
аукцио́н auction, public sale 경매
аэропо́рт airport 공항

Б

бага́ж luggage, baggage 여객 수하물, 소화물
ба́за base, depot 기반, 기지
ба́за, конте́йнерная container base, container depot 콘테이너 기지
бала́нс balance; balance sheet 국제 수지, 대차대조표
бала́нс, бухга́лтерский balance sheet 대차대조표
бала́нс, платёжный balance of payments 국제 수지
банк bank 은행
банк, госуда́рственный statebank 정부・국립 은행
банк, иностра́нный foreignbank 외국 은행

банк, кооперати́вный cooperativebank 협동조합 은행

банкно́та banknote 은행권, 은행 지폐

банкро́т bankrupt, defaulter 파산자, 도산자

би́знес business 비즈니스, 상거래

бизнесме́н businessman 실업가, 비즈니스맨, 상인

би́ржа exchange, market 거래소

би́ржа, това́рная commodity exchange, commodity market 상품거래소

би́ржа, фо́ндовая stock exchange, stock market 주식·증권 거래소

би́ржа, чёрная black market 암시장

бланк form, slip 무기명 어음

блок bloc 제휴, 연합

бойко́т boycott 불매운동

бо́нус bonus 보너스, 특별 할인

бро́кер broker 중간상인, 브로커

бро́кер попоку́пке buying broker 구매 브로커

бро́кер попрода́же selling broker 판매 브로커

брокера́ж brokerage 중개업

бро́керская коми́ссия broker commission 중개 수수료

брошю́ра brochure 팸플릿

бру́тто gross 총수입, 총계

бру́тто-фрахт gross freight 화물 총량

букле́т booklet 팸플릿

букле́т, рекла́мный advertising booklet 광고, 팸플릿

бум boom 갑작스런 호경기, 붐

бум, экономи́ческий economic boom 경제적 호황

бухга́лтер accountant 회계원, 경리 사원

бюдже́т budget 예산

бюдже́т, дохо́дный revenue 수입 예산

бюдже́т, расхо́дный expenditure 지출 예산

бюллете́нь bulletin 보고, 정기 간행물

бюро́ обслу́живания service bureau 서비스국, 봉사소

бюро́ спра́вочное 안내소

В

валю́та currency 통화, 화폐, 외화

валю́та, иностра́нная foreign currency 외화

валю́та, конверти́руемая convertible currency, hard currency 경화, 태환 지폐

валю́та, свобо́дно конверти́руемая freely convertible currency 자유롭게 교환할 수 있는 지폐

валю́та, твёрдая hard currency 경화

варра́нт, тамо́женный customs warrant 세관증

ва́учер voucher 증인, 보증인

ввоз import, importation 수입, 반입

ве́домость sheet, statement, list, bill 계산서

ве́домство department 관청

ве́ксель bill 어음

ве́ксель, ава́нсовый advance bill 선불 어음

ве́ксель, долгосро́чный long-term bill 장기 어음

ве́ксель, краткосро́чный short-term bill 단기 어음

вес weight 중량, 무게

вес бру́тто gross weight 총중량

вес не́тто net weight 정미 중량

взнос contribution; deposit; instalment 보험료, 세금, 조세, 납부금

взнос, де́нежный cash deposit 현금 예금

взнос, страхово́й insurance premium 보험료

взыска́ние по́шлин collection of duties 세금 징수

ви́за visa 사증, 비자

ви́за, въездна́я entry visa 입국 비자

ви́за, вывозна́я export permit 출국 비자

ви́за, многокра́тного по́льзования multiplevisa 복수 비자, 멀티 비자

ви́за, транзи́тная transit visa 통과 비자

вклад deposit, contribution 예입, 예금, 출자(금)

владе́лец owner; holder 소유자, 주인

владе́лец предприя́тия owner of an enterprise 기업주, 사업주
возвра́т су́ммы refund of a sum 금액변제, 상환
возвра́т това́ра return of goods 상품 반환
возмеще́ние compensation, reimbursement, recovery, indemnity 보상, 보상금
возмеще́ние затра́т reimbursement of expenses 경비 변상
возмеще́ние поте́рь recovery of losses indemnity 손해 배상
воспроизво́дство reproduction 재생산
вре́мя вступле́ния в си́лу effective date, date of entering into force 발효 기일
вре́мя на погру́зку time for loading 선적 시간
вступле́ние в си́лу entering into force, coming into effect 유효, 시행
вы́года benefit, advantage 이익, 벌이
вы́воз 수출, 반출
вы́года, взаи́мная mutual benefit, mutual advantage 상호 이익
вы́дач агру́за delivery of cargo, release of cargo 화물 인도
вы́дача лице́нзии issue of a license (수출입) 허가증 발급
вы́плата payment 지불
вы́пуск 1. issue 2. output 생산, 생산고
вы́ставка exhibition 전람회, 박람회
вы́ставка, специализи́рованная specialized exhibition 전문상품 박람회
вы́ставка-я́рмарка fair, show 전시장, 견본시
вы́чет deduction 차감(액), 공제(액)

Г

гара́нт guarantor 보증인
гара́нтия guarantee, warranty 보증, 보장, 보증 조건
год, календа́рный calendaryear 역년
год, отчётный accounting year 회계연도

гонора́р royalty; fee 특허권 사용료, 보수, 인세
гра́фик schedule 도표
гра́фик платеже́й schedule of payments 지급 예정표
груз cargo, freight, goods 화물, 짐
груз, беста́рный bulk cargo, loose cargo 포장하지 않은 짐, 화물
груз, вы́ставочный exhibition goods 박람회 출품용 화물
груз, конте́йнерный containerized cargo 콘테이너 화물
груз, наливно́й tanker cargo, fluid cargo 유체 화물
груз, опа́сный dangerous cargo 위험 화물
груз, парце́льный parcels 화물의 한뭉치
груз, це́нный valuable cargo 고가 화물
грузовладе́лец cargo owner, freight owner 하주
грузооборо́т freight turnover 화물 취급량, 화물 수송량
грузополуча́тель consignee 수탁자, 하수인

Д

да́та date 날짜, 기일
дебито́р debtor 채무자
деклара́ция declaration 신고(서)
деклара́ция, тамо́женная customs declaration 세관신고서
де́мпинг dumping 덤핑
де́ньги, нали́чные cash 현금
депози́т deposit 예금, 기탁금, 보증금
депоне́нт depositor 예금자, 기탁자
дефе́кт defect 결함, 하자
дефици́т deficit, shortage 적자, 결손, 부족
дефля́ция deflation 통화 수축
диверсифика́ция diversification 다양화, 다각 경영
дивиде́нд dividend 이익 배당(금)
ди́лер dealer 상인, 판매 대리인

дире́ктор director 지도자, 관리자, 이사

дире́кция board of directors, management 이사회, 간부진, 경영진

диско́нт discount 어음 할인(료)

ди́спач dispatch (money) 속달, (화물선의) 조출료

догово́р agreement, contract 계약, 조약

догово́р, долгосро́чный long-term agreement 장기 계약

догово́р консигна́ции consignment agreement 위탁판매 계약

догово́р, межгосуда́рственный interstate agreement 국제 조약, 정부간 조약

догово́р многосторо́нний multilateral agreement 다자간 계약·조약

догово́р о торго́вле treaty on commerce 상업(무역) 계약

док dock 독, 부두, 선창

докуме́нт document 증서, 서류, 증명서

докуме́нты, бухга́лтерские accounting records 회계 서류, 회계 보고

докуме́нты, грузовы́е shipping documents 선적 서류

докуме́нты, страховы́е insurance documents 보험 서류, 보험 증서

докуме́нты, тамо́женные customs documents 통관 서류

документа́ция documentation 문서에 의한 증명, 문서화, 문서, 서류

документа́ция, техни́ческая technical documentation 기술관계 서류

долг debt 부채, 빚

должни́к debtor 채무자

до́ля share, contribution 배당, 분담(액)

до́ля в капита́ле share in capital 자본에 대한 몫·배당

допла́та extra payment 추가 지불, 할증금

дополне́ние к контра́кту addendum to a contract 계약 추가 사항

досмо́тр examination, inspection 검사, 감독, 점검, 감시

досмо́тр гру́за inspection of cargo 화물검색·검사

дохо́д income, revenue, earnings, proceeds, receipts 수입·소득

дохо́д, годово́й annual income 연간수입

дохо́д, чи́стый net income 순수입(이익)

дублика́т duplicate, copy 사본, 부본(동일 서류의) 두 통 중의 하나

Е

Еврова́лю́та Eurocurrency 유럽 통화

Еврорынок Euromarket 유럽 공동시장

едини́ца валю́тная currency unit 화폐 단위

едини́ца гру́за unit of cargo 화물 단위

едини́ца това́ра piece 상품 1점, 상품의 단위

Ж

жа́лоба complaint 클레임, 고소

жира́нт endorser 어음 보증인·이서인

жира́т endorsee 어음 양수인, 피이서인

жи́ро endorsement 이서, 배서

журна́л journal, magazine; book 잡지, 장부

З

заво́д plant, works, factory 공장, 제작소

загрязне́ние окружа́ющей среды́ environmental pollution 환경 오염

загрязне́ние, радиоакти́вное radioactive contamination 방사능 오염

заде́ржка delay 지연·연기

заде́ржка в отгру́зке delay in shipment 선적·출하 지연

задéржка в постáвке delay in delivery 납품지연, 인도지연

задéржка платежá delay in payment, delayed payment 지불 연기

заём loan 부채, 공채, 차관

заём, бáнковский bank loan 은행 융자(금)

заём, госудáрственный state loan 국채

заёмщик borrower 채무자

закáз order 주문(품)

закáз, госудáрственный state order 국가(정부) 주문

закáз, твёрдый firm order 확정된 주문, 기한 지정 주문

закáзчик client, customer 주문인

закýпка purchase 매입, 구입

залóг pledge, security, mortgage 저당·담보(물건)

замести́тель дирéктора deputy director 차관, 대리자

замести́тель председáтеля deputy chairman, vicechairman 부의장, 부위원장

запáс stock, reserve, store 재고량, 보유량

запáс, золотóй gold reserves 금비축, 정화준비

запрещéние ввóза embargo on imports, ban on imports 수입 금지

запрещéние вы́воза embargo on exports, ban on exports 수출 금지

запрóс enquiry 조회, 문의

затрáты costs, expenses, espenditures 비용, 경비 지출

зачёт offset 산입, 통산, 차감

защи́та protection; defence 보호, 방어

заяви́тель applicant 지원자, 신청자

зая́вка application 신청, 지원(서)

зая́вка на креди́т request for credit 신용대부 신청

зая́вка на учáстие в вы́ставке application for participation in an exhibition 전람회 참가 신청

заявлéние application, claim 출원, 신고, 신청(서)

знак mark 표지, 기호, 부호

знак, товáрный trademark 상표

зóна zone, area 지대, 지역

зóна, беспóшлинная duty free zone 관세 자유 지역

зóна преференциáльных тари́фов preferential tariff zone 특혜관세 지역

зóна, свобóдная экономи́ческая free economic zone 자유경제 지역

зóна, экономи́ческая economicarea 경제 지역

И

извещéние advice, notification, notice 통지, 통고, 통첩

извещéние об отгрýзке notification of shipment 선적 통지

извещéние об отпрáвке notification of dispatch 발송 통지

изготови́тель manufacturer, producer, marker 제조업자, 생산자, 제작자

издéлие product, article 제조, 제품

издéржки costs, expenses 비용, 지출

изменéние аккредити́ва modification of a letter of credit 신용장 변경(수정)

изменéние к контрáкту alteration to a contract 계약 변경·수정

изнóс wear and tear 소모, 마모, 노후화

изъя́тие withdrawal 삭제, 취소

и́мпорт 1. importation 2. imports 수입

импортёр importer 수입자, 수입상

имýщество property 재산, 자산

инвести́ции investment(s), capital investments 투자

инвести́ции, совмéстные joint investments 공동투자

инвéстор investor 투자자

и́ндекс index 색인, 목록

индоссамéнт endorsement 어음의 배서

инкáссо collection of payments 현금 징수 · 수금
инспектѝрование inspection 검사, 조사
инспéктор inspector 검사 · 조사자
инстрýкция instructions 지시, 명령
интегрáция integration 통합 · 인플레이션
инфля́ция inflation 통화 팽창
инфраструктýра infrastructure 하부 구조
иск 1. claim 2. suit 소송, 배상 요구
иск, встрéчный counter-claim 반대 소송, 반소
иск, судéбный action at law, legal action 재판, 소송
испытáние test 시험, 실험, 시운전
истéц plaintiff 고소인 · 원고
итóг total 총액, 합계

К

каботáж coastal trade 연안무역
кампáния, реклáмная advertising campaign 광고 캠페인
капитáл capital, funds, stock 자본, 자산, 자금
карантѝн quarantine 검역(소)
кáрго cargo 화물
кáрточка, кредѝтная credit card 신용카드
кáсса cash department 현금출납구
каталóг catalogue 목록, 카탈로그
КАФ C&F, Cost & Freight 운임가산 가격
кáчество quality 질, 품질
квалификáция qualification; skill 품질검사, 평가, 등급 결정
квитáнция receipt, slip 영수증, 수령증
квитáнция в получéнии дéнег money receipt 대금 영수증
квитáция, грузовáя goods receipt 화물수송 영수증
квитáнция, складскáя warehouse receipt 입고 영수증
квóта quota 몫, 할당, 쿼터
квóта, ѝмпортная import quota 수입 할당량

квóта, экспортная export quota 수출 할당량
клиéнт client, customer 고객, 단골손님
колебáния, валю́тные currency fluctuations 통화 변동, 통화 불안정
колебáния, курсовы́е exchange rate fluctuations 환율 변동
колѝчество quantity, amount 양 · 수량
комиссионéр agent, broker, middleman 중개인, 브로커
комѝссия 1. commission, committee 2. commission, fee 위임, 위원회
комитéт committee 위원회
коммерсáнт businessman 상인, 실업가
компáния, дочéрняя subsidiary company 자회사
компáния с неогрнѝченной отвéтственностью unlimited company 무한책임회사
компáния, совмéстная jointcompany 합자회사
компáния с ограничéнной отвéтственностью limited liability company 유한책임회사
компáния, торгóвая trading company 무역회사
компенсáция compensation, indemnity 보상 · 배상(금)
компенсáция за ущéрб compensation for damage 손해배상
компенсáция потéрь compensation for losses 손실배상
кóмплекс complex 집합체, 단지, 복합건물
конвéрсия conversion 차환, 태환
конкурéнт competitor 경쟁자, 경쟁 상대
конкурéнция competition 경쟁
конкурéнция, ры́ночная market competition 시장 경쟁
конкурéнция, ценовáя price competition 가격 경쟁

коносаме́нт bill of lading (B/L) 선화증권

консигна́ция consignment 적송품, 위탁판매, 탁송

консо́рциум consortium 차관단, 대자본 합동

консульта́нт consultant, adviser 고문

консульта́ция consultation, advice
상담, 조언, 심의

конта́кты, делов́ые business contacts
사업적인 접촉 · 교섭

конте́йнер container 컨테이너

контраба́нда contraband 밀수, 밀수품

контра́кт contract 계약(서)

контра́кт, долгосро́чный long-term contract 장기 계약

контро́ль, тамо́женный 통관 검사

конце́ссия concession 이권, 이권 협정

кооперати́в cooperative (society) 협동조합, 협동 조합 상점

коопера́ция cooperation 협업, 협동 조합

ко́пия copy 사본

корпора́ция corporation 법인, 직업적 단체

котиро́вка quotation 시세, 시가

креди́т, ба́нковский bank credit
은행신용(장), 은행 융자, 보증 대부

креди́т, госуда́рственный state credit
국가(정부) 신용

креди́т, долгосро́чный long-term credit
장기 신용

креди́т, комме́рческий commercial credit
상업상의 신용, 상업 금융

креди́т, това́рный commodity credit
상품 신용 · 신뢰

кредито́р creditor 채권자

кри́зис, валю́тный currency crisis 통화 위기

купю́ра denomination 채권, 유가증권

курс rate (of exchange) 환율

курс, биржево́й market price 시세

курс, валю́тный currency rate 통화 시세, 환율

курс, обме́нный exchange rate 환율, 교환 시세

курс, тве́рдый fixed rate 정가 · 공정 환율, 고정 시세

Л

либерализа́ция liberalization 자유화, 제한 철폐

ли́зинг leasing 차용(체약)

лими́т limit 한계, 한도, 제한

лими́т кредитова́ния credit limit 융자 한도

ли́ния, железнодоро́жная railway line 철도

ли́ния, судохо́дная shipping line 해운로

лицензи́рование licensing 면허, 허가장 교부

лице́нзия license 허가증, 면허증

лицо́, дове́ренное authorized person
수탁자, 대리인

лицо́, должностно́е executive, official
공무원, 관리

лицо́, юриди́ческое legal person 법인

лу́мпсум lumpsum 총액, 일시불

льго́та privilege 특권, 특전, 의무 면제

лю́ди, делов́ые businessman 사업가, 비즈니스맨

М

ма́рка mark, brand, make 상표

марке́тинг marketing 마케팅

маркиро́вка marking 상표 부착

маршру́т route; itinerary 경로, 여행 일정

материа́л material 재료, 자료

ме́неджер manager 매니저, 관리자

моне́та coin 화폐, 동전

монопо́лия monopoly 전매 · 독점(권)

монта́ж 1. assembly operations 2. erection work 3. installation (기계의) 조립 · 설치

морато́рий moratorium 지불 유예, 지불연기(령), 지불 정지

Н

навáлом in bulk 대량으로, 포장없이 실은

надзóр surveillance 감독 · 관리(인)

наём 1. employment 2. lease; rent
고용, 임차, 임대

наём рабóчей сúлы hiring of labour
노동자 고용

наименовáние отправúтеля name of a consignor 하주, 발송인명

наименовáние получáтеля name of a consignee 하물인수인 명칭

накладнáя invoice 송장, 인보이스

налóг tax 세금, 조세

налóг, úмпортный import tax 수입세

налóг, кóсвенный indirect tax 간접세

налóг, мéстный local tax 지방세

налóг, прямóй direct tax 직접세

недостáча в постáвке short delivery
공급부족(분)

неисполнéние контрáкта nonexecution of a contract 계약 불이행

неплатёж non-payment 지불 불이행

нéтто net 정미의, 잡비를 제외한

неустóйка penalty 위약금

номенклатýра nomenclature 전문용어, 관료층, 특권계급

нóрма norm 표준 · 평균량, 규정

нóрма прúбыли rate of profit 이윤율

нóрма процéнта rate of interest
이율 · 이자율

нотификáция notification 통고 · 통지서

нóу-хáу know-how 노하우, 비결, 능력, (제조에 관한) 기술(정보)

О

обеспéчение security 보증, 담보, 보장, (확실한) 공급

облигáция bond 채권, 증권, 국채

обложéние налóгом imposition of a tax 과세

обложéние пóшлиной imposition of a duty 관세 부과

обмéн exchange 교환, 교역

обмéн валю́ты exchange of currency 환전

обмéн, товáрный exchange of commodities 교역

оборýдование equipment 설비, 장치, 플랜트

образéц sample 견본, 모델, 샘플

обслýживание service; maintenance
서비스 · 봉사

обслýживание, медицúнское medical services 의료 봉사

обслýживание, трáнспортно-экспедúторское forwarding 운송, 화물 서비스, 교통편

óбщество, акционéрное joint-stock 주식회사

объединéние association 연합, 공단, 공사

объём закáза volume of an order 주문량

объём произвóдства volume of production
생산량, 생산고

обы́чаи, междунарóдные internationalcustoms 국제관행 · 관례

обя́занность obligation 채무, 의무, 직책

овердрáфт overdraft 당좌대월, 어음의 초과 발행

оговóрка clause 유보 조건, 약관, 조항

ограничéния, úмпортные import restrictions 수입 제한

ограничéния, экспортные export restrictions 수출 제한

одобрéние approval 인가, 승인

ожидáние причáла waiting for berth
접안 대기

операция operation 사무, 업무

оплáта payment 지불(지급), 급료

опциóн option 선택권, 옵션, 주식매입 선택권, 선택매매

óрган, компетéнтный competent 관할 기관

организáция organization 구조, 조직, 기관, 단체

о́рдер order 주문, 명령서

освобожде́ние от нало́гов exemption from taxes 면세

осмо́тр inspection, examination 검사, 검열

отве́тчик defendant (민사소송의) 피고, 보증인

отгру́зка shipment 선적

отноше́ния, взаимовы́годные mutually beneficial relations 상호이익 관계

отноше́ния, внешнеэкономи́ческие foreign economic relations 대외경제 관계

отпра́вка гру́за dispatch of cargo 화물 발송

отсро́чка платежа́ postponement of payment (지불) 연기

отчёт report; account 보고서, 정산서, 지급(불) 명세서

отчёт, бала́нсовый balance sheet 대차대조표, 결산보고

отчёт, бухга́лтерский accounting report; accounting balance sheet 결산서, 회계보고

оформле́ние докуме́нтов drawing up of documents 문서작성

оформле́ние, тамо́женное customs clearing 세관(통관) 수속

оце́нка estimate, evaluation, assessment 가격·가치 평가, 견적, 가격 사정

о́чередь на погру́зку loading turn 선적 순서

П

пай share 주, 주식, 출자금, 지분

па́йщик shareholder 주주

паке́т package 소포, 우편물

паке́т а́кций shareholdings 소유주, 지주

пакети́рование packaging 포장

пала́та, торго́вая chamber of commerce 상공회의소

парите́т parity 타국통화와의 비율, 평형가격

парите́т, валю́тный parity of currency 외화의 법정평가

па́ртия consignment, lot, shipment (상품, 화물의) 한벌

партнёр partner 조합원, 사원

партнёры-учреди́тели founding partners 창립자, 발기인

па́спорт passport; certificate 여권, 신분증

пате́нт patent 영업허가증, 특허(권)

пе́ня fine 벌금, 연체 이자

перево́д 1. transfer, remittance 2. conversion 3. switch-over 환, 대체, 환산, 송금

перево́зка carriage, transportation 운수, 운송, 수송, 운반

перегово́ры negotiations 교섭, 상담

перегово́ры, комме́рческие commercial negotiations 상담, 교섭

перегово́ры, многосторо́нние multilateral negotiations 다자간 교섭

переда́ча transfer 양도, 위임

переоце́нка 1. overvaluation 2. revaluation 재평가, 과대 평가

перепрода́жа resale 전매

перерасчёт 1. recalculation 2. conversion 환산, 재계산

пересы́лка sending; transfer, remittance 송부, 전송, 배달

пересы́лка де́нег transfer of money 송금

пе́речень list 목록, 리스트

перечисле́ние на счёт transfer to an account 타구좌 이체

письмо́, аккредити́вное letter of credit, (L/C) 신용장

письмо́, гаранти́йное letter of guarantee 보증서, 인수증

план plan 계획, 기획, 설계

пла́та payment 임금, 요금

платёж payment 지급(지불)

платёж, ава́нсовый advance payment, payment in advance 선불금, 선지급금

платёж в рассро́чку instalment payment 분할 지불

платёж в счёт креди́та payment from the credit 신용 결제, 외상 결제

платёж в фо́рме аккредити́ва payment in the form of a letter of credit 신용장 형식으로 결제

подря́д conract 청부, 공급 계약

подря́дчик conractor 청부인(기관)

покры́тие cover; settlement 변상, 변제금

покупа́тель buyer 구매자, 고객

поку́пка purchase 구입, 구매

поку́пка в креди́т purchase on credit 신용 구입, 외상 구입

получа́тель recipient 수취인, 인수인

получа́тель гру́за consignee 하물인수인

помеще́ние, вы́ставочное exhibition grounds; showroom 전시실, 상품진열실

попра́вка adjustment; amendment 수정, 변경

попра́вка к контра́кту amendment to a contract 계약 수정

порт port 항구

порт вво́за port of entry 수입항

порт вы́грузки port of discharge 하역항

порт назначе́ния port of destination 도착항, 목적항

порт отгру́зки port of shopment 선적항

порт погру́зки port of loading 하역항

поруче́ние instruction; commission 위임, 위탁

посре́дник agent, broker, dealer, intermediary 중개인, 매개자

посре́дник, торго́вый commercial agent 무역 중개인

поста́вка delivery 공급, 납품, 인도

поста́вка на усло́виях КАФ delivery C.&F. 운임가산가격 조건 인도

поста́вка на усло́виях СИФ delivery C. I. F. 운임보험료 부담조건의 인도

поста́вка на усло́виях ФОБ delivery F. O. B. 본선인도가격 조건의 인도

поставщи́к supplier 공급자

поте́ря loss 손실, 손해

потреби́тель consumer, user 소비자, 수요자

потре́бность requirement, need, demand 필요, 수요

по́шлина duty, dues, tax 관세

по́шлина, ввозна́я import duty 수입세

по́шлина, вывозна́я export duty 수출세

по́шлина, дискриминацио́нная discriminatory duty 차별 관세

по́шлина, льго́тная preferential duty 특혜 관세

пра́вило rule, regulation 규정, 규칙, 법규

пра́во right, law 법, 권리, 면허, 자격

пра́во, а́вторское copyright 저작권

пра́во, зако́нное legal right 정당한 권리

пра́во, иму́щественное property right 물권법, 재산권

пра́во, пате́нтное patent right, patent law 특허권

пра́йм-рэ́йт prime rate 우대금리, 표준금리

пра́ктика practice 실천, 실지경험

предложе́ние offer, proposal 제안, 오퍼, 매매 신청, 공급

предложе́ние, встре́чное counter offer 반대 신청, 카운터오퍼

предложе́ние, комме́рческое commercial offer 상업상의 오퍼

предложе́ние на поста́вку offer to supply 공급 신청

предложе́ние, твёрдое firm offer 회답·기한부 매매 신청

предпринима́тель businessman 기업가, 사업가

предпринима́тельство enterprise 기업, 사업, 기업 활동

предприя́тие, внешнеторго́вое foreign trade company 대외무역회사

прете́нзия claim complaint 손해배상 청구
при́быль profit 이익, 이윤
при́быль, чи́стая net profit 순익, 순이익
приёмка acceptance 수락, 용인, 어음 인수
прика́з order 명령서
приложе́ние к контра́кту 계약의 추가 · 첨부
приложе́ние, техни́ческое technical appendix 기술사항 부록
приорите́т priority 선취권
прове́рка check; inspection 검사, 점검, 감사
предприя́тие, доче́рнее subsidiary 자회사, 자매기업
представи́тель representative 대표자, 대리인
представи́тельство representation 대표부
прейскура́нт на това́ры price-list for goods 상품가격표, 정가표
пре́мия bonus, premium 상여금, 장려금
продаве́ц seller 상인, 판매원
прода́жа sale 판매
прода́жа, опто́вая wholesale 도매
продле́ние аккредити́ва extension of a letter of credit 신용장 연장 · 연기
проду́кция product(s), produce 생산물, (총)생산량
прое́кт project; design; draft 설계, 기획, 초안, 계획
произво́дство manufacture, production 생산, 제조, 제작
промы́шленность industry 공업, 산업
проспе́кт prospectus 카타로그, 취지서, 상품 목록
просро́чка платежа́ delay in payment 지불기한 경과
просрочка поста́вки delay in delivery 인도기한 경과
протоко́л о наме́рениях protocol of intentions 의향서
пункт point 항목, 조목

Р

распако́вка unpacking 짐풀기
расписа́ние time schedule 시간표, 예정표
распи́ска receipt 영수증, 인수증
расхо́ды expenses, expenditures 비용, 경비
расхо́ды, накладны́е overhead expenses 경상비, 제경비
расхо́ды на марке́тинг spending on marketing 마케팅비
расхо́ды, тра́нспортные transport expenses 수송비, 운송비
расчёт settlement 계산, 결산, 지불
регистра́ция registration 기록, 등록, 등기
регистра́ция совме́стного предприя́тия registration of a joint venture 합작투자(기업) 등록
режи́м, тамо́женный customs registration 관세제도 · 규칙
резе́рв reserve 예비(금) · 적립금
резе́рвы, валю́тные foreign exchange reserves 외화준비금
резе́рвы, това́рные commodity reserves 상품의 예비 · 비축
ре́йтинг rating 평가(가격) · 등급
рекла́ма advertising; advertisement 광고, 선전
рекла́ма, а́удио-визуа́льная audio-visual advertisement 시청각 광고
рекла́ма, вну́тренняя domestic advertising 국내 내수광고
рекла́ма в пре́ссе press advertising 신문 · 잡지 광고
рекла́ма, газе́тная newspaper advertising 신문광고
рекла́ма, журна́льная magazine advertising 잡지광고
рекла́ма, печа́тная printed advertising 인쇄 · 출판 광고
рекрама́ция claim; complaint 손해배상 청구

рекоменда́ция recommendation, reference 추천 · 소개(서)
реми́тент remitte 송금 수취인
ре́нта rent 임대(료)
ресу́рсы resources 자원, 재원
ро́ялти royalty 로열티, 특허권 사용료
ры́нок market 시장
ры́нок, валю́тный currency market 외환시장
ры́нок, вне́шний foreign market 국외 · 해외시장

С

сбор fee, dues, tax, duty 세금, 요금 수수료, 과징금
свиде́тельства о происхожде́нии итова́ра certificate of origin 상품 원산지 증명서
свиде́тельство, страхово́е insurance policy 보험증서(계약서)
свя́зи, деловы́е business contacts 사무 · 사업적인 관계
сде́лка transaction, deal 거래
сде́лка, ба́ртерная barter transaction 구상무역, 물물교환
СДР SDR 국제통화기금의 특별인출권
се́рвис service 서비스
сертифика́т certificate 증서, 증명서
сеть, ди́лерская dealer network 판매망
сеть, торго́вая trading network 무역망
систе́ма, ба́нковская banking system 은행 · 금융 제도
систе́ма, креди́тная credit system 신용체계
СИФ C. I. F. cost, insurance and freight 운임 · 보험료 포함 가격
ски́дка discount, reduction, rebate, allowance 감가, 할인
склад warehouse 창고
совладе́лец partner 공동소유주
соглаше́ние agreement 합의, 협약
соглаше́ние, аре́ндное leasing agreement 임대 협정
соглаше́ние, двусторо́ннее bilateral agreement 쌍무협정
соглаше́ние, многосторо́ннее multilateral agreement 다자간 협정
соглаше́ние, платёжное payment(s) agreement 지불 협정
соглаше́ние, товарообме́нное barter agreement 물물교환 협정
сорт sort 품질, 품종, 등급
сотру́дничество cooperation 공동, 협력
сотру́дничество, внешнеэкономи́ческое foreign economic cooperation 대외경제협력
спекуля́ция, валю́тная currency speculation 외환 투기
специфика́ция specification 명세서, 분류
специфика́ция, поме́стная packing list 포장(내용) 명세서
специфика́ция, това́рная specification of products 상품명세서
спи́сок list 목록 · 일람표
спор, пате́нтный patent dispute 특허논쟁
спрос demand 수요
сре́дства funds, resources; assets 자원, 자금
сре́дства, валю́тные currency resources 통화재원
сре́дства платежа́ means of payment 지불방법, 지급수단
срок time, term, period 기일, 기한, 기간
срок де́йствия соглаше́ния period of validity of an agreement 협정 유효기한
срок платежа́ payment period 지불기한 (지급기한)
ссу́да loan 대부, 대출, 차권
ссу́да, ба́нковская bank loan 은행융자금, 은행간 차관
стагна́ция stagnation 불경기, 불황, 경기침체
стагфля́ция stagflation 스태그플레이션, 경기정체

станда́рт, междунаро́дный international standard 국제 규격

станда́рт, экологи́ческий ecological standard (생태) 환경적기준

стандартиза́ция standardization 표준화, 규격화

ста́тус, юриди́ческий legal status 법적 지위

статья́ article, clause, item 항목, 품목

статья́ контра́кта contract clause 계약·항목

сто́имость cost, value 가치, 가격

сто́имость това́ров и услу́г cost of goods and services 상품과 서비스 가격

страхова́ние гру́зов insurance of cargo 화물보험

страхова́ние от ава́рий average insurance 해손보험

страхова́ние от огня́ и стихи́йных бе́дствий insurance against fire and natural calamities 화재·천재 보험

страхова́тель insured, assured 보험계약자, 피보험자

страхо́вка insurance 보험금

страховщи́к insurer, assurer 보험업자

субаре́нда sublease 전차(轉借)·전대

сублицензиа́р sublessor 전대인

сублицензиа́т sublsessee 전차인

субси́дия subsidy, grant 보조금, 장려금

суд court of law 법정, 재판

су́дно ship, vessel, boat 배, 선박

су́мма sum, amount 총액, 합계

счёт invoice, bill, account 계산, 계산서, 구좌

счёт, ба́нковский bank account 은행계좌

сырьё raw materials 원료

Т

тамо́жня customhouse 세관, 세관원

тамо́жня, морска́я maritime customhouse 해상 세관

тамо́жня, пограни́чная border customhouse 국경 세관

тари́ф tariff 세율, 요금

тари́ф, и́мпортный import tariff 수입 세율

тари́ф, покрови́тельственный protection tariff 보호 관세율

те́ндер tender 입찰

това́р goods, commodity 상품

това́ры, биржевы́е exchange goods 거래 상품

товарообме́н exchange of commodities 물물교환

товарооборо́т trade turnover 상품 유통·거래

торго́вля trade 상업, 무역

торго́вля, мирова́я world trade 국제무역

торго́вля, опто́вая wholesale trade 도매

торгпре́д trade representative 통상대표

транзи́т transit 통과운송(화물)

тра́нспорт transport 운송, 수송

транспортиро́вка transportation 운송, 수송, 운반

тра́та expenditure 소비, 경비

тра́тта draft, bill of exchange 환어음

тур tour 관광

тури́зм tourism 관광, 유람

тури́ст tourist 관광객

У

у́быль loss 감소, 손실, 감원

упако́вка packing 포장

упако́вка, заводска́я original packing 기본 포장

упла́та payment 지급(불) 불입

уполномо́ченный authorized person 전권 위원·대표, 대리인

усло́вие condition, term 조건

усло́вия отгру́зки terms of shipment (화물의) 선적 조건

усло́вия платежа́ terms of payment
지급 조건

усло́вия поста́вки terms of delivery
인도(공급) 조건

услу́га service 서비스, 봉사

уста́в акционе́рного о́бщества charter of a joint stock company 주식회사 정관

усту́пка 1. concession 2. discount 양도, 감가

усту́пка пра́ва ceding a right 권리의 양도

учреди́тель founder 창립자, 설립자

уще́рб damage, loss 손해, 손실

Ф

факту́ра invoice 송품장(送品狀), 송납품

филиа́л совме́стного предприя́тия
branch of a joint venture 합작기업의 지사, 지점

финанси́рование financing 융자, 투자

фина́нсы finance 재정, 재무, 금융

фи́рма firm, company 회사

фи́рма, инжене́рно-консультацио́нная
consulting engineering firm 기술자문회사

фи́рма, рекла́мная advertising firm 광고회사

финанси́рование, ба́нковское
bank financing 은행융자

ФОБ фра́нко-борт F. O. B. free on board
본선인도가격

фонд, амортизацио́нный amortization fund 적립금

фра́нко-док free dock 부두인도 조건

фрахт freight, freight charge 운송료

Х

хода́тайство application, request 신청 · 지원(서)

хране́ние гру́зов storage of cargoes
화물 보관 · 저장

Ц

цена́, госуда́рственная state price 공식 가격, 국정 가격

цена́, заводска́я manufacturer's price
생산(공장도) 가격

цена́ мирово́го ры́нка world market price
세계(국제) 시장 가격

цена́, опто́вая wholesale price 도매 가격

цена́, прода́жная sale price 판매 가격

Ч

ча́тер charter 용선

ча́ртер, бэ́рбоут bare-boat charter 선체 용선

ча́ртер, лине́йный berth charter 정박지 용선

ча́ртер, лу́мпсум lumpsum charter 일시불 용선

ча́ртер, ре́йсовый (single) trip charter
편도 용선

ча́ртер, специа́льный special charter
특별 용선

ча́сти, запасны́е spare charter 예비품, 부속품

чек cheque 수표

чек, ба́нковский bank cheque 은행수표

чек, тури́стский traveller's cheque 여행자수표

член, полнопра́вный full (-fledged) member 완전한 법적권리를 가진 성원

член правле́ния member of the board 임원

Ш

штамп предприя́тия seal of an enterprise
기업의 공인 · 인장

штэ́мпель ба́нка stamp of a bank
은행소인 · 검인

штраф fine, penalty 벌금 · 과태료

штраф, догово́рный contractual fine
계약상의 벌금

Э

экземпля́р copy (동종 서류의) 1통
эконо́мика, мирова́я world economy 세계경제
эконо́мика, ры́ночная market economy
　시장경제
экспеди́тор forwarding agent 운송업자
экспе́рт expert 전문가
экспози́ция exposition, display 전시
экспона́т exhibit 진열·전시품
э́кспорт export(ation) 수출
эмба́рго embargo 수출(수입) 금지
эми́ссия emission, issue 유가증권 발행
эми́ссия де́нег issue of money 화폐 발행
эффе́кт, экономи́ческий economic effect
　경제적 효과
эффекти́вность капиталовложе́ний
　efficiency of investments 투자 효율
эффекти́вность произво́дства industrial
　efficiency 생산 능률

Ю

юриско́нсульт legal adviser 법률 고문,
　고문 변호사
юри́ст lawyer 법률가, 법학자

Я

ярлы́к lable 상표, 라벨/레이블
я́рмарка fair 정기시장, 견본시
я́рмарка, междунаро́дная international
　fair 국제견본시·박람회
я́рмарка, специализи́рованная
　specialized fair 전문박람회
я́рмарка, традицио́нная traditional fair
　전통시장·견본시

부록 II

01 해석
02 해답

01 해석

УРОК 01 인사

본문

А
- 좋은 아침입니다.
- 안녕하세요!
- 만나서 반갑습니다.
- 저도 만나서 반갑습니다.
- 잘 지내시죠?
- 그럼요, 잘 지내요!
- 안녕히 계십시오!
- 곧 만나 뵙겠습니다!

Б
- 사샤, 안녕!
- 안녕!
- 어떻게 지내?
- (안부 물어봐 줘서) 고마워, 나쁘지 않게 지내고 있어.
- 너는 어때?
- 응, 나도 그럭저럭.
- 안녕!
- 잘 가!

독해 연습

이곳은 모스크바입니다. 이곳은 나의 도시입니다. 여기가 바로 중심지입니다. 그리고 이곳에 학교와 약국이 있습니다. 이것은 공장입니다. 제 친구들이 여기에서 일합니다.

그리고 여기는 도시의 거리입니다. 여기엔 «신발»가게와 «식료품» 가게가 위치해 있습니다. 이것은 저희 가게입니다. 그리고 여기엔 «서점»이 위치해 있습니다. 그리고 이것은 «옷»가게입니다. 이 곳에는 셔츠, 양복, 모자 그리고 목도리가 있습니다.

여기는 «아르바트스카야» 지하철역입니다. 그리고 여기가 저희 «모스크바» 거래소입니다. 저는 여기서 일하고 있습니다. 그리고 이곳이 당신의 회사입니다. 당신은 여기에서 일합니다. 그리고 이것은 공원입니다. 우리는 저곳에서 쉽니다.

응용 회화

А
- 사샤 씨, 여기가 저희 회사입니다.
- 이것은 새 건물입니까?
- 네, 새 건물입니다.
- 그런데 이 분은 누구입니까?
- 이 분은 저희 사장님 니콜라이 페트로비치입니다.
- 그는 어떤 분입니까?
- 그는 좋은 사람이고, 진지한 파트너입니다.

Б
- 모스크바에 온 것을 환영해!
- 남수야, 우리 집으로 놀러 와!
- 기꺼이 놀러 갈게! 근데, 넌 어디 살아?
- 쿠투초프대로 №. 22집, №. 16호에서 살아.
- 초대해 줘서 고마워.

УРОК 02 방문

본문

Mr.박! 이것이 제 집입니다. 그리고 이것은 제 차입니다. 이곳은 저희가 살고 있는 층입니다. 여기에 저희 아파트가 있습니다. 이 분들은 제 부모님이십니다. 서로 인사하세요: 이 분은 제 아버지입니다. 아버지 성함은 빅토르 이바노비치입니다. 그리고 이 분은 제 어머니입니다. 어머니 성함은 타마라 세르게예브나입니다.

아버지, 어머니 안녕하세요!
Mr.박 안녕하세요!
어머니 당신은 외국인인가요?

Mr.박 네, 외국인입니다.
아버지 당신의 이름은 무엇입니까?
Mr.박 제 이름은 박남수 입니다.
안톤 이 분은 제 사업 파트너입니다. 저희는 같이 일하고 있습니다.
Mr.박 빅토르 이바노비치, 당신은 엔지니어입니까?
아버지 아니오, 저는 엔지니어가 아닙니다. 나는 사업가입니다.
Mr.박 저도 사업가입니다.
어머니 저는 의사입니다.
안톤 그리고 이 사람은 나의 친구입니다. 서로 인사하세요. 이 사람은 사샤입니다. 그는 매니저입니다.
Mr.박 저는 그를 알고 있습니다. 만나서 반갑습니다. 어떻게 지내십니까?
사샤 감사합니다. 그럭저럭 지냅니다. 저도 만나서 반갑습니다.
어머니 여기 주스, 커피, 케이크예요. 드셔 보세요.
Mr.박, 사샤 감사합니다.

독해 연습

빅토르는 학생입니다. 지금 그는 모스크바에 살며 비즈니스 학교에서 공부하고 있습니다. 그의 친구들도 여기서 배우고 있습니다. 그들은 미래의 비즈니스맨, 실업가 그리고 매니저입니다.

비즈니스 스쿨에서 빅토르는 경제학, 경영학, 사회학, 심리학, 논리학 그리고 외국어도 물론 배우고 있습니다. 그는 영어를 공부합니다. 빅토르는 이미 영어를 잘 이해하고, 영어로 잘 말합니다.

빅토르는 읽기를 매우 좋아합니다. 그는 많이 읽습니다. 빅토르는 집에서, 버스에서, 심지어 거리에서도 읽습니다. 그는 아침, 점심, 그리고 밤에도 읽습니다.

응용 회화

- 서로 인사하세요. 이 사람은 제 친구입니다.
- 안녕하세요!
- 안녕하세요!
- 당신의 이름은 무엇인가요?
- 제 이름은 사샤입니다. 당신은요?
- 제 이름은 안드레이입니다.
- 당신은 학생입니까?
- 네, 저는 학생입니다.
- 당신은 어디서 공부하고 있습니까?
- 저는 비즈니스 학교에서 공부하고 있습니다. 마케팅과 다른 과목들을 배우고 있습니다. 그럼 당신은 공부하십니까 아니면 일하십니까?
- 저는 «Alma» 거래소에서 일합니다.
- 당신은 누구입니까?
- 저는 브로커입니다.
- 안녕히 계세요!
- 다시 만날 때까지 안녕히 계십시오!

УРОК 03 전화 통화 I

본문

비서 «기계 수입»입니다.
Mr. 김 안녕하세요! 저는 «삼성»회사에 다니는 Mr.김입니다.
비서 Mr.김, 안녕하세요.
Mr. 김 실례지만, 벨로프 사장님과 통화하고 싶은데, 자리에 계시나요?
비서 네, 하지만 그는 지금 상담 중입니다. 사장님께 무엇이라 전할까요?
Mr. 김 «삼성»의 Mr.김으로부터 전화가 왔다고 전해주세요. 저에게 전화해 달라고 부탁해 주십시오. 사장님 전화를 기다리고 있겠습니다.
비서 알겠습니다 Mr.김, 전화 왔다고 전하겠습니다.
미스터 김 감사합니다. 안녕히 계십시오.

응용 회화

벨로프 여보세요. «삼성»입니까?
비서 네.
벨로프 Mr.김에게 연결해 주십시오.
비서 실례지만, 누구신가요?
벨로프 «기계 수입»의 벨로프입니다.
비서 사장님, «기계 수입»의 Mr.벨로프로부터 사장님을 찾는 전화가 왔습니다. 2번선입니다.
Mr. 김 여보세요! 좋은 아침입니다, 벨로프 사장님.
벨로프 Mr. 김, 좋은 아침입니다. 저한테 전화하셨었다고 전해 들었어요.
Mr. 김 사업 회의를 하고자 만나 뵈었으면 합니다. 언제, 어디서 우리가 만날 수 있을까요?
벨로프 내일 오전 10시 대외무역부에서 만납시다. 저희 직원이 중앙 입구에서 당신을 기다리고 있을 겁니다. 괜찮으신가요?
Mr.김 좋습니다. 안녕히 계십시오.

УРОК 04 전화 통화 II

본문

미스터 김 여보세요, Mr.벨로프에게 연결 좀 부탁 드립니다.

벨로프 제가 벨로프입니다.
Mr.김 Mr.벨로프, 좋은 아침입니다. Mr.김입니다.
벨로프 안녕하세요, Mr.김. 무엇을 도와드릴까요?
Mr.김 저희 엔지니어들이 비자를 받는 데 문제가 있습니다. 우리를 도와주실 수 있으신가요?
벨로프 당연하죠. 엔지니어들의 모든 정보가 적힌 명단을 보내주세요. 저희 측에서 이 문제를 해결해보도록 하겠습니다.
Mr.김 Mr.벨로프 감사합니다. 제가 지금 보내드리겠습니다. 안녕히 계세요
벨로프 안녕히 계십시오.

응용 회화

비서 여보세요!
Mr.김 Mr. 표도르브이 좀 바꿔주실 수 있으신가요? 매우 급한 일입니다.
비서 Mr. 표도르브이는 자리에 안 계시는데, 전달해 드릴 말이 있으신지요?
Mr.김 자리에 안 계신다고요? 정말입니까? 그분과 2시에 만나기로 했는데요.
비서 정말입니까? 실수를 하신 것 같습니다.
Mr.김 제가 실수 했다고요? 아닐 거예요. 제가 Mr.표도로브이를 만날 수 없다는 말을 하고싶으신 건가요?
비서 뭔가 착오가 생긴 것 같습니다. Mr.표도르브이의 이름과 부칭을 불러주십시오.
Mr.김 알렉산드르 페트로비치입니다.
비서 여기엔 표트르 알렉산드로비치가 일하고 계십니다. 아무래도 번호를 실수하신 것 같네요. 몇 번으로 거셨나요?
Mr.김 378-13-47이요.
비서 처음 숫자 세 개를 잘못 누르셨네요.
Mr.김 염려를 끼쳐 드려 죄송합니다. 다음에는 제가 더 신중하도록 하겠습니다. 안녕히 계십시오.

УРОК 05 비자 신청

본문

어제 나는 2주 후에 같이 모스크바로 가야 한다고 내 직속 하급자인 니콜라이 페트로비치에게 말했다.

그는 나에게 우리가 무엇을 해야 하는지를 이야기 해주었다. 우선 우리는 비자 신청서를 받고, 거기에 필요한 사항을 쓰러 영사관으로 가야 한다.

그는 나에게 신청서를 어떻게 작성해야 하는지 설명해주었다. 그는 신청서에 3×4 크기의 사진을 첨부해야 한다고 말했다. 그리고 초청장이 있는 경우, 초청장을 신청서에 첨부해야 한다. 개별 용지에 이름과 주소, 우리를 초청한 기관을 적어야 한다.

응용 회화

영사관에서

Mr.박, N. 페트로비치 안녕하세요!
직원 안녕하세요!
Mr.박 우리는 러시아 수도의 입국 비자가 필요합니다.
직원 초청을 받고 가시는 건가요?
Mr.박 네, 물론입니다.
직원 여행 목적은 무엇인가요?
Mr.박 우리의 여행 목적은 비즈니스입니다.
직원 언제 떠나실 건가요?
Mr.박 2주 후예요. 그리고 언제쯤 비자가 준비됩니까?
직원 일주일 뒤에 오세요.
N. 페트로비치 아가씨, 비자 유효기간은 얼마입니까?
직원 모스크바에 어느 정도 계실 예정인가요?
Mr.박 2주요.
직원 유효기간이 한 달짜리 비자를 발급해 드릴게요.
N. 페트로비치 그러면 저희가 비자를 연장해야하는 건가요?
직원 모스크바 외국인비자등록부에 가셔서 비자를 연장하시면 됩니다.
N. 페트로비치 아가씨, 제 생각에 우리는 꽤 자주 왔다 갔다 해야할 것 같습니다.
직원 그러면 복수출입국비자를 발급해 드리겠습니다.
Mr.박 감사합니다.
직원 비자 신청서를 받아서 작성하십시오. 신청서에 사진과 초청장을 첨부하십시오.

УРОК 06 러시아 출장

본문

유명한 한국 회사의 상무이사인 Mr.박은 무역방문단의 대표로 러시아를 방문할 준비를 하고 있습니다. 우선 그는 러시아 대외 무역 기관과 사업 접촉을 하고 러시아 상인들의 사업을 소개받고 러시아의 대외무역부와 국제 상품전시회, 경매소를 방문하고, 끝으로 러시아 국민들의 삶을 알기 위하여 모스크바를 방문하길 원합니다.

Mr.박은 비행기를 타고 모스크바에 가기로 결정했습니다. 그는 어떤 비행기로 모스크바에 갈 수 있는지 문의했습니다. 그의 비서는 그에게 "아에로플로트 - 최대규모의 항공운송 회사"라고 적혀 있는 항공사 아에로플로트의 카탈로그를 가져왔습니다. 항공로는 6개 대륙의 영공을 지나 펼쳐져 있고 국제 항공로와 연결되어 있습니다. 아에로플로트의 비행기 표 가격은 다른 항공로의 국제 요금보다 높지 않습니다. 서울에서 모스크바까지 비행시간은 8시간입니다.

응용 회화 I

- 당신의 이름은 무엇입니까?
- 제 이름은 박남수입니다.
- 당신들은 어디에서 오셨습니까?
- 우리는 서울에서 왔습니다.
- 당신들은 어떤 목적으로 러시아에 왔습니까?
- 우리는 당신들의 대외 무역 기관과 사업 접촉을 하기 위하여 러시아에 왔습니다.
- 비행시간은 얼마나 됩니까?
- 우리는 총 8시간을 타고 왔습니다.
- 비행기가 언제 «셰레메티예보» 공항에 도착했습니까?
- 비행기는 «셰레메티예보» 공항에 4시 30분에 도착했습니다.
- 당신의 기분은 어떻습니까?
- 아주 좋습니다.
- 당신의 성공을 기원합니다.
- 감사합니다.

응용 회화 II

스튜어디스 착륙하겠습니다! 안전벨트를 메세요!
Mr.박 우리를 공항으로 마중 나옵니까?
Mr.김 네, 물론입니다. 마중 오시는 분들의 차로 이동할 겁니다.
Mr.박 Mr.포크너, 혹시 저희와 같이 가고 싶으시면, 저희와 같이 가셔도 됩니다.
Mr.포크너 감사합니다. 만약에 자동차에 자리가 있다면 그렇게 하겠습니다.
Mr.박 좋습니다.
Mr.김 자, 이제 도착했어요
Mr.박 아주 잘 도착했군요!
Mr.포크너 여객수화물은 어디에서 받을 수 있나요?
Mr.김 제 생각엔 차후에 이것에 대해 공지할 것 입니다. 이제 우리는 입국심사대, 세관검사대를 통과해야 합니다.
Mr.박 모든 것이 정상이니, 여기서 문제 될 일이 없을 거라고 생각합니다.
Mr.김 물론입니다.
방송 서울에서 오신 존경하는 승객 여러분, 여러분은 1층에서 수화물을 받아 가실 수 있습니다.
Mr.포크너 우리의 수화물이 왔습니다. 수화물을 받으러 갑시다.

УРОК 07 입국 심사

본문

Mr. 박 입국심사대가 어디 있습니까?
직원 바로 여기에 있습니다. 당신의 여권을 주세요.
N.페트로비치 여기 우리의 여권과 비자가 있습니다.
직원 공란을 기입하셔야 합니다. 라틴 문자로 기입해주세요.
Mr.박 니콜라이 페트로비치, 공란에 글 쓰는 것을 도와주세요.
N.페트로비치 잠시만요! 무엇을 이해하지 못했습니까?
Mr.박 «여행 목적»을 이해하지 못했습니다.
N.페트로비치 당신은 사업가입니다. 당신의 여행 목적은 «사업»입니다.
Mr.포크너 니콜라이 페트로비치, 그러면 저는 어떻게 써야 합니까?
N.페트로비치 당신은 여행하고 있습니다. 관광객입니다. 당신의 여행 목적은 «관광»입니다.
Mr.포크너 감사합니다. 그런데 어디에 서명합니까?
직원 바로 여기입니다
N.페트로비치 저희 여권에 비자 도장 찍어 주셨나요?
직원 네. 물론입니다.
N.페트로비치 안녕히 계세요!
직원 안녕히 가세요!
Mr.박 이제 우리는 세관검사대를 통과해야 합니다.
N.페트로비치 옆에 있습니다. 갑시다!

응용 회화 I

세관검사대

세관원 세관 신고서를 작성하셔야 합니다. 여기 있습니다.
Mr.박 저는 아무것도 신고할 것이 없습니다.
세관원 수화물을 좀 보여주세요.
N.페트로비치 여기 저희 수화물입니다.
세관원 이 트렁크에는 무엇이 있습니까?
N.페트로비치 여기에는 개인용품만 있습니다.
세관원 이 트렁크를 열어주세요
Mr.박 여기 있습니다.
세관원 당신은 세금이 부과된 물건을 가지고 있습니까?
Mr.박 이것은 선물입니다. 개인용 컴퓨터 두 대입니다.
세관원 이 물건들은 세금이 부과되기 때문에, 신고서를 작성하셔야 합니다. 여기 있습니다. 신고서를 작성해 오세요.
세관원 외화를 가지고 계십니까?
N.페트로비치 아니요. 신용장은 있는데, 모스크바 은행 중 하나로 송금했습니다.
세관원 당신은 외화를 가지고 있습니까?
Mr.박 네, 있습니다.
세관원 어떤 지폐로 갖고 계십니까?
Mr.박 거기에 대해서는 제가 신고서에 썼습니다.
세관원 예방 주사에 대한 증명서를 보여주세요.
Mr.박 여기 있습니다.
N.페트로비치 가도 됩니까?
세관원 네. 물론입니다.

응용 회화 II

A

Mr.박 어디에서 환전할 수 있는지 알려 주세요.

N.페트로비치 어떤 외화를 가지고 계세요?

Mr.박 미국 달러와 영국 파운드가 있어요.

N.페트로비치 은행이나 여기 환전소에서 환전하실 수 있습니다.

Mr.박 그러면, 거기가 어디에 있습니까?

N.페트로비치 우선 직진한 다음에 왼쪽으로 도세요 첫 번째 창구로 가세요.

Б

Mr.박 저는 외화를 루블로 바꾸고 싶습니다. US달러의 환율은 얼마입니까?

직원 1달러에 65루블입니다.

Mr.박 100달러 환전해 주세요.

직원 여기 있습니다.

Mr.박 감사합니다.

УРОК 08 호텔

본문

Mr.박 안녕하세요!

관리자 안녕하세요. 무엇을 도와 드릴까요?

Mr.박 이 호텔 객실을 예약했습니다.

관리자 여권 좀 주시겠습니까?

Mr.박 여기 있습니다.

관리자 등록 카드를 작성하셔야 합니다.

성, 이름, 부칭
생년월일과 출생지
국적
본적지의 주소
호텔에 체류하는 기간
출국 날짜
기입 날짜
서명
당직 관리자

Mr.박 여기 받으세요. 다 작성했습니다.

관리자 손님, 손님 객실은 6층에 있습니다. 홀을 지나 엘리베이터로 간 다음에 계단을 올라가서 오른쪽으로 가시면 됩니다. 키 가져 가세요.

Mr.박 감사합니다.

응용 회화 I

Mr.박 1인실 특실 있나요?

관리자 죄송하지만, 2인실 특실만 남아 있습니다.

Mr.박 좋아요. 이 방의 하루 숙박료가 얼마입니까?

관리자 400달러입니다. 계산은 지금 하셔야 합니다.

Mr.박 수표로 지불해도 되겠습니까?

관리자 물론입니다.

Mr.박 여기 있습니다. 제 방의 번호는 무엇입니까?

관리자 손님 방은 535번 방입니다. 5층에 있습니다. 좋은 하루 되세요!

Mr.박 감사합니다.

관리자 잠시만요! 숙박증 가져 가세요.

응용 회화 II

직원 들어가도 되겠습니까?

Mr.박 들어오세요.

직원 안녕하세요! 저는 이 층의 관리 담당자입니다.

Mr.박 안녕하세요. 만나서 반갑습니다.

직원 혹시 필요하신 게 있으면, 저에게 말씀해 주세요. 아니면 30-02번으로 전화 하셔도 됩니다.

Mr.박 감사합니다. 저는 그냥 청소부를 부르고 싶었어요.

직원 알겠습니다. 불러 오겠습니다.

청소부 안녕하세요.

Mr.박 안녕하세요. 이 양복과 셔츠를 다려 주세요. 한 시간 후에 필요합니다.

청소부 한 시간 후에 가져오겠습니다.

Mr.박 감사합니다.

УРОК 09 호텔의 민영화

본문

Mr.박 세르게이 알렉산드로비치, 호텔 사업에 종사하신 지 오래 되었습니까?

S.알렉산드로비치 아니요, 본격적인 호텔 사업을 한 건 얼마 전입니다.

Mr.박 본격적이라니요?

S.알렉산드로비치 호텔을 얼마 전에 민영화하고, 수리했습니다.

Mr.박 하지만 적지 않은 금액이 들잖아요!

S.알렉산드로비치 작년에 우리는 은행에서 신용 대출을 받았습니다. 그리고 그다음에 주권을 발행했습니다.

Mr.박 실례지만 누구에게 지배 지분이 있습니까?

S.알렉산드로비치 저에게 있습니다.

Mr.박 그 말인 즉, 당신이 소유주라는 것이지요?

S.알렉산드로비치 네. 하지만 주권 행위의 다른 소유자들이 높은 이 익배당금을 받습니다.
Mr.박 세르게이 알렉산드로비치, 호텔 광고는 어떻게 하시는지 말씀해 주세요.
S.알렉산드로비치 처음에는 몇몇의 카탈로그를 여러 언어로 발행했고, 그 다음에는 러시아와 다른 나라들의 텔레비전에 짧은 동영상 광고를 냈습니다.
Mr.박 호텔 사업에만 하시나요?
S.알렉산드로비치 아니요. 저희 주식회사는 관광사업도 합니다. 호텔 1층에 관광 안내소와 비행기표 판매 매표소가 있습니다.
Mr.박 당신의 사업의 성공을 위하여 축배를 듭시다!
S.알렉산드로비치 감사합니다.
Mr.박 세르게이 알렉산드로비치, 유감스럽게도 우리는 가봐야 합니다.
S.알렉산드로비치 안녕히 가세요!
Mr.박 안녕히 계세요!

독해 연습

«이즈베스티야» 신문의 기자는 모스크바의 가장 인기 있는 가구점 대표 갈리나 말리니나 대표를 만났습니다. 그녀는 다음과 같이 말했습니다.

가게의 직원들이 1990년에 «타키-모스크바»라는 합영 기업을 만들었습니다. 그들은 건물을 수리하고 회사에 적지 않은 돈을 투자했습니다. 그리고 오늘날, 당신에게 4개의 벽과 마루 그리고 천장이 있다면, 그 외의 모든 나머지 것들은 타키-모스크바에서 구입하실 수 있습니다. 당신이 갖고 계신 것이 아파트인지 회사인지는 중요하지 않습니다.

최고의 서비스를 제공하는 가게입니다. «사람들을 위한 최대한의 편의» 이것이 우리의 신조입니다. 만약 피곤하시다면 가게에서 쉬실 수도 커피를 드실 수도 있습니다. 또한 예쁘게, 유행하는 옷을 입고 싶으신 분들을 위해서는 의상 매장 코너가 있습니다. 가게에서는 자동차에 사용되는 외국 제품의 부속품도 구매하실 수 있습니다.

«타키» 회사는 벌써 25년동안 이집트 상품들을 러시아 시장으로 납품하고 있습니다. «타키»의 자회사는 프랑크푸르트에서 합영기업 «타키-모스크바»를 설립하였습니다. 두 기업은 함께 편안한 가구, 카펫, 생활 물품들을 모스크바로 가져옵니다.

УРОК 10 비즈니스 편지

본문

No 6187-09/625   2016년 3월 25일

«Yuson-optic»

사장 귀하
C.P.O. Box 100
대한민국 서울

존경하는 Mr.박!

모스크바에서 귀사의 Mr.김 대표와 함께 대화할 때 저희는 3개의 절단기 CD-20 Pu를 추가로 공급해 주실 수 있는지에 대해 알려주시기를 부탁 드렸습니다.

귀하께서 저희에게 올해 3사분기에 이 기계를 공급할 수 있는지 가능한 빠른 시일 내에 알려주시길 바랍니다. 만약 가능하다면 계약서를 작성하시어 저희가 서명할 수 있도록 저희에게 보내주시기 바랍니다.

존경을 담아
«Mashinoimplant» 연합회 부회장
V. 페트로프

답장

«Mashinoimport»   2016년 4월 20일
모스크바 200
스몰렌스크 광장 32/34

금년 3월 25일 귀하께서 보낸 편지에 대해 답장드립니다.

저희 측으로 CD-20 Pu 절단기 추가 공급의 가능성 검토해 줄 것을 요청하신 상기 편지는 감사히 잘 수신하였습니다.

유감스럽게도, 저희의 공장들은 올해의 3-4분기 주문량을 공급하기 위해 이미 풀 가동되고 있기 때문에 언급한 기계의 추가 공급이 더 이상 불가능하다는 것을 귀사에 알릴 수 밖에 없어 안타깝습니다.

만약, 귀사의 고객분들께서 해당 기계의 내년 1분기 공급에 관심이 있다면, 저희에게 바로 알려주시길 부탁드립니다.

존경을 담아
«Yuson-optic»의 대표이사
박남수

해설

3 상업편지의 서두에 쓰는 문장의 예

① 우리는 귀하의 편지를 올해 4월 10일에 받았습니다.
② 오늘(어제) 저희는 3월 12일에 보내신 문서가 첨부된 귀하의 편지를 받았습니다.
③ 올해의 5월 3일에 보내신 편지 수신을 확인했습니다.
④ 11월 15일에 보내신 편지 수신하였고 귀하께 ...(что 이하) 라고 알립니다.

⑤ ...(от 날짜)에 보내신 편지를 감사히 수신하였고 ...(o 이하)에 대한 귀하의 메시지를 참고하겠습니다.
⑥ ...에(от 날짜)보내신 귀하의 편지를 모든 첨부 파일과 함께 확인했습니다.
⑦ ...에(от 날짜) 보낸 저희 편지를 확인해 주시길 바라며, 긴급히 저희에게 ...에 대해(o이하) 알려주시길 바랍니다.
⑧ 11월 10일에 보내신 귀하의 편지와 11월15일 귀하의 대리인 M과의 대화와 관련하여 말씀 드리자면, 저희는 ...가 없음을 알려드립니다.
⑨ ...에 (от 날짜) 보내신 귀하의 편지에 답을 드리자면, 귀하께서 한 번 더 확인해 주시기를 부탁드립니다.
⑩ 귀하의 편지와(귀하의 요청과) 관련하여, 저희는 가까운 시일 내에 ...라고 알려드립니다.
⑪ 희망에 따라 저희 최근 가격표와 자세한 기계 조립 도면을 지금 등기 소포로 보내 드립니다.
⑫ 여기에 귀하께서 요청하신 카탈로그를 보내드립니다.
⑬ 빠른 시일 안에 등기우편으로 (항공우편으로) 귀하께 필요한(귀하께서 요구한) 서류를 보냅니다.

4 상업편지 본문의 예

① 3월 25일에 보내신 귀하의 편지에 답장을 보내드립니다. 2월 10일 귀하의 대리인 Mr. K와의 전화 통화에 따라 귀하께 요청하신 사진이 들어간 카탈로그와 자세한 기술적 설명 및 B-104의 도면을 개별 등기 소포로 보내 드립니다. 기계의 가격은 카탈로그에 명시되어 있습니다. 당신의 빠른 답장을 기다리며 이만 줄입니다.
존경을 담아

② 이로써, 귀하께 이 제품이 계약 체결 일로부터 2-3달 이내에 공급될 것을 알립니다.
카탈로그에는 포장 값과 모든 필수적인 부속품을 포함한 제품 최저의 (최고의) 가격이 명시되어 있습니다.
존경을 담아

③ 우리는 귀사 기계 구입에 큰 관심을 갖고 있으며, 최저가, 공급 기간, 보증 조건 및 동력에 대한 정보를 알려 주시길 부탁드립니다. 또한 올해의 1분기에 이 기계에 대한 공급이 가능한 지 알려주시길 바랍니다.
빠른 답장을 기다리며 이만 줄입니다.
존경을 담아

④ ...에 보내신 귀하의 편지에 감사드리며, 현재 저희 창고에 최고급 비단과 모직의 재고가 있음을 알립니다.
...의 주문에서처럼, 저희의 지불 조건과 공급 조건은 그대로 유지됩니다.
귀하의 결정에 대해 저희 측에 정보를 주실 것을 부탁드립니다.
존경을 담아

5 상업편지의 맺음말로 쓰는 표현

① 귀하의 (빠른) 답장을 기다리며 이만 줄입니다.
존경을 담아

② 저희는 귀하의 답장을 빠른 시일 내에 받기를 기다립니다.
존경을 담아

③ 귀하의 빠른 답장을(귀하의 연락을, 귀하의 편지를) 기다리며 이만 줄입니다.
존경을 담아

④ 귀하께서 저희의 요청을 들어 주시기를(귀하께서 협력해 주시길) 기대하며 이만 줄입니다.
존경을 담아

⑤ 빠른 답장을 기대하며 이만 줄입니다.
존경을 담아

⑥ 저희 질문에 대해 귀하께서 호의적인 결정을 내려 주시기를(귀하의 완전한 동의를, 빠른 답장을) 기대하며 이만 줄입니다.
존경을 담아

⑦ 저희는 저희가 할 수 있는 모든 것을 하였음을 알리며 이만 줄입니다.
존경을 담아

⑧ 답장을 지연시키지 않으시기를 간절히 부탁드립니다.
깊은 존경을 담아

⑨ 답장이 늦은 것을 (실수를 저지른 것을) 이해해 주실길 바라며 이만 줄입니다.
존경을 담아

⑩ 귀하의 원조에 미리 감사 드립니다.
존경을 담아

УРОК 11 공장 방문

본문

Mr.박 벨로프씨, 당신의 설비를 제조하고 있는 공장을 구경하고 싶지 않으십니까?
벨로프 네, 제조 공장 방문을 하게 해 주신다면 저는 매우 감사하죠.
Mr.박 가능합니다. 수원에 있는 공장을 보여드릴 수 있습니다. 그 공장은 저희 대규모 공장 중 하나입니다.
벨로프 훌륭하겠네요. 저는 그 공장에 있는 전문가들의 교육 기관에 대해서 많이 들어보았습니다.
Mr.박 저희가 주요 전문공장들을 보여 드린 다음, 최고기술책임자의 사무실에서 이야기를 나눌 수 있습니다.
벨로프 좋습니다. 공장 직원 수는 얼마나 됩니까?
Mr.박 약 8000명 정도입니다.

벨로프 현대식 공정기술을 사용하시는군요. 공장에 직원들이 너무 많은 것은 아닌가요?

Mr.박 아닙니다, 생산품 품목의 연간생산량과 생산품의 라인을 고려한다면 말이지요. 당신이 보게 될 것처럼, 실제 대부분의 전문 공장들은 기계설비의 자동화가 높은 수준으로 되어있습니다.

응용 회화

Mr.박 벨로프 씨, 우리 공장에 오신 것을 환영합니다.

벨로프 공장을 방문하게 되어 기쁩니다. 공장은 저에게 매우 좋은 인상을 남겨주었습니다. 제가 느낀 바로는, 공장 기계의 가동률이 높은 것 같습니다.

Mr.박 그렇습니다, 저희 공장은 내수 주문량이 많은 것처럼 수출 주문량 또한 많습니다.

벨로프 어떤 일부분의 일이 하청 공장에 의해 수행되기도 합니까?

Mr.박 아니요, 필요한 것들은 저희가 직접 공급합니다. 연구소, 품질 관리부서, 포장 작업장은 모두 여기에 있습니다.

벨로프 오래 전부터 새 모델을 만드신 겁니까?

Mr.박 그렇습니다, 저희는 새로운 기술을 도입했고, 작년에 새 모델의 생산을 시작했습니다. 우리 회사의 설계자들은 현대 공정기술의 요구조건에 뒤떨어지지 않습니다.

독해 연습

국민 경제 구조

공업은 중공업과 경공업 및 식품공업, 이렇게 두 개의 분야로 나뉘어진다. 중공업은 생산수단을, 경공업 및 식품공업은 수요 물품을 생산한다. 중공업에는 동력공업, 금속공업, 기계공업, 화학공업, 임산업이 속한다. 이러한 각각의 중공업의 큰 분야는 더 세부 분야로 나누어진다. 예를 들어, 동력공업은 연료공업과 전기동력공업으로 구성되어 있다. 경공업은 섬유공업, 신발공업, 모피공업과 그 밖의 분야로 세분화된다. 식품공업 분야에는 낙농업, 육가공업 등의 분야가 속한다.

천연자원 사용의 특성에 따라 공업은 채취공업과 가공공업으로 나뉜다. 채취공업분야와 가공공업 분야 모두 큰 분야에 포함된다. 예를 들어, 화학공업은 광물 원료 채취를 선두하는 공업으로, 철강업은 제철공업으로 세분화된다. 광업과 제철공업은 채취공업의 한 분야이다.

УРОК 12 비즈니스 상담 Ⅰ

본문

보통 협상이 어떻게 진행되는지에 대해 당신에게 이야기하고 싶습니다. 협상이 시작되기 전까지 주문자들은 세계 시장에서의 상품 가격을 알아봅니다. 그다음, 이 물품을 생산하는 회사, 기업체들과 접촉을 시행합니다. 일반적으로 주문자들은 공급을 해 줄 공급자들과의 만남을 가집니다. 사전교섭을 마치며, 주문자들은 어느 회사와 계약을 체결할 것인지를 결정합니다. 그 후, 그들은 계약서의 초고 구성을 목적으로 그 회사와 협상을 시작합니다.

그 누구에게도 이익이 되지 않기 때문에, 협상을 장기화해서는 안 됩니다. 계약 조건에 양 측의 의견 불일치가 생기더라도, 협상은 3-4주 동안 진행할 수 있습니다. 물론, 주문자는 항상 가격을 낮추기 위하여 노력하고, 공급자 역시 유리한 거래를 맺는 데에 관심이 있습니다. 협상은 여러 회사들과 동시에 행해지기도 합니다.

독해 연습

협상 과정

협상의 과정은 4단계로 구성됩니다.

첫 번째 단계에서 회사가 계약을 요청하기 위해 초대합니다. 초대장은 주문자들로부터 수령합니다. 주문자들은 회사 세일즈맨들 또는 회사 공급자들에게 시설과 기술이 구매자들을 만족시킴을 알립니다.

두 번째 협상의 단계에서 주문자들은 회사의 대표자에게 해당 장비의 기술적인 특징에 대하여 알려줄 것(상품의 기술적 소개)을 요청합니다. 그렇기 때문에 보통 이 단계에는 전문가들이 참여합니다. 전문가들은 주문자들에게 최상의 공급회사를 추천합니다.

세 번째 단계에서는 주문자들이 구체적인 회사와 계약을 맺기로 결심을 하는 즉시, 두 번째 기술적인 토의가 진행됩니다. 이 단계에서 구매자나 주문자는 구매하는 장비가 자신들의 요구 조건을 만족시킬 것인지와 효율적으로 작동할 것인지를 확인해야 합니다.

네 번째 단계에서 판매자와 구매자는 최종 가격, 공급조건, 보험, 양측의 의무, 직원의 업무 조건에 대해 합의를 합니다. 다시 말하자면, 협상은 계약서의 각각의 조항에 따라 진행되는 것입니다. 공급 조건에 대해 합의할 때, 국가들은 국제무역 규정을 준수해야 합니다 (본선인도가격, 선측인도가격, 운임가산가격, 보험료운임포함가격).

응용 회화

N.페트로비치 Mr.박, 당신 회사의 회장님과 통화하셨습니까?

Mr.박 네, Mr.김과 이야기를 나누었습니다.

N.페트로비치 협상이 언제 시작되는지 그분께 말씀하셨습니까?

Mr.박 네, 물론입니다. Mr.김도 협상에 참여할 거라서 내일 모스크바에 도착합니다.

N.페트로비치 Mr.김은 모스크바에 언제 도착합니까? 몇 시인가요? 그를 마중 나가야 합니다.

Mr.박 모스크바 시간으로 12시에 비행기가 도착합니다.

N.페트로비치 호텔 객실은 예약하셨습니까?

Mr.박 네. 우리는 내일 일찍 일어나야 하니까 이제 자러 갑시다. 안녕히 주무십시오.

N.페트로비치 안녕히 주무십시오.

독해 연습

농업의 구조

농업은 다양한 상품을 생산하는 많은 분야로 구성되어 있다. 농업의 가장 주요한, 큰 부문은 농업식물 재배(농산업)와 축산업이다. 이 두 개의 큰 분야는 각 분야의 판매 제품에서 서로 차이를 보이는 더 작은 부문으로 구성된다.

인간에게 식량을 제공하고, 가축 사료와 공업 원료를 공급하는 농산업은 전체 농업생산물의 토대를 구성한다. 농산업은 6개의 주요 분야를 포함한다: 1) 곡식류(밀, 쌀, 옥수수 등) 재배; 2) 특용작물(목화, 아마, 사탕무, 해바라기 등) 생산; 3) 채소 재배; 4) 과수 재배; 5) 포도 재배; 6) 사료 생산.

농업의 두 번째로 큰 분야는 축산업이다. 축산업의 주요 분야에는 소 사육, 양돈업, 목양업, 양계업, 사슴 사육, 모피용 짐승 사육이 해당한다. 축산업의 발전 수준은 대부분 농업가축의 모든 품종을 위해 사료를 제공하는 농산업에 달려있다. 축산업은 인간에게 가장 열량이 높은 식료품을 공급하며, 공업원료를 제공한다.

УРОК 13 비즈니스 상담 II

본문

협상의 1단계

주문자 1 저희는 귀사의 상업 거래에 관심을 갖고 있습니다.
주문자 2 저희는 귀사와 경제적인 관계를 맺고 싶습니다.
주문자 3 저희는 귀사와 계약을 체결하고 싶습니다. 저희 은행은 귀사의 컴퓨터를 필요로 합니다.
주문자 1 저희도 컴퓨터 소프트웨어에 관심이 있습니다.
Mr.박 저희 회사는 그러한 프로그램을 보유하고 있습니다. 최신 모델과 저희가 만든 소프트웨어를 여러분께 제공할 수 있습니다.
N. 페트로비치 바라건대, 그것들이 여러분의 요구에 부응했으면 합니다.
주문자 2 그런데 그 모델에 대한 상세한 정보를 저희가 얻을 수 있습니까?
Mr.박 물론입니다. 다음 만남 때 그 모델의 기술적 소개를 하겠습니다.
N. 페트로비치 협상의 두 번째 단계는 저희 회사의 모스크바 대리점에서 진행하는 것을 제안합니다.

독해 연습

협상의 2단계와 3단계

주문자 3 저희 회사의 전문가에게 이미 이 모델의 기술문서를 주셨습니까?
Mr.박 물론입니다. 이 모델에 대한 상세한 설명과 예상 사양, 사용방법, 그 컴퓨터가 가능한 사양을 그에게 주었습니다.
N.페트로비치 오늘 그가 당신에게 그 문서를 소개하고, 개인적인 결론을 내 줄 겁니다.
주문자 1 새 모델은 구모델과 어떤 점이 다릅니까?
Mr.박 새 모델은 외면적인 차이가 있는 것처럼, 내부적 사양에서도 차이가 있습니다. 컴퓨터의 크기가 더 작습니다. 또한 일부 집적 회로와 부품들도 교체했습니다.
전문가 대체된 부품들은 컴퓨터에 갖추어져 있습니까?
Mr.박 네. 저희는 «Oracle»회사의 일부 집적 회로를 사용하였습니다.
전문가 당신이 우리를 위해 준비하신 기술문서를 읽어 보았습니다. 예상 사양, 사용 방법과 해당 컴퓨터 모델이 가능한 사양은 만족스러웠습니다.
주문자 2 우리는 계약의 각 조항에 대해 논의하고 싶습니다. 언제 가능합니까?
Mr.김 제 생각에, 시간을 끌 필요는 없을 것 같습니다. 내일 논의를 시작할까요?
주문자 3 죄송합니다만, 저희 회사 대표님은 내일 협상에 참여하실 수 없습니다. 논의를 다음 주로 미룰 수 없을까요?
김씨 좋습니다. 요청하신 대로 협상을 다음 주에 하기로 합시다.

응용 회화

N.페트로비치 Mr.김, 러시아어를 잘 구사 하시네요.
Mr.김 네, 벌써 2년째 러시아어를 공부하고 있습니다. 무역을 하는 나라의 언어를 알아야 한다고 생각합니다.
N.페트로비치 협상에서 러시아어로 말씀하실 겁니까, 아니면 통역사가 필요하십니까?
Mr.김 아니요, 감사하지만, 통역사는 필요 없습니다. 저는 러시아에서 이미 여러 번 협상에 참여했었습니다.
N.페트로비치 그러면 협상이 어떻게 진행되는지 이야기해 주십시오.
Mr.김 알겠습니다. 그것에 대해서는 점심식사 때 이야기해 드리겠습니다. 그럼 이제 레스토랑으로 갑시다.

독해 연습

가격 협상

계약이 체결되기 전까지 사업 파트너와 협상하는 주요한 문제들 중 하나는 가격에 대한 문제이다. 계약 가격이 확정되는 데에는 가격의 기반을 구성하는 많은 요소들이 고려된다. 가격의 기반은 납품 상품의 어떤 비용이 상품 가격에 포함되는지를 결정한다. 이것은 운송비용, 창고 비용이나 그 밖의 비용이 될 수도 있다. 또한 가격에는 포장용기, 포장, 상표 부착 비용, 컨테이너나 기차에 화물 적재 비용 및 고정 비용, 배 선착장에 화물 적재 및 하역, 하선 등의 비용이 포함될 수 있다.

가격은 납품 조건들의 영향을 받으며, 보통 본선인도가격, 운임가산가격, 보험료운임포함가격 등처럼 정해진다.

가격은 상품의 성질(무게, 용량, 부분품, 세트 등)에 따라 결정되는 상품의 측량 단위에 의해 정해진다.

대체로 계약서에는 가격이 고정적이라고 명시되어 있거나 가격에 어떠한 조정을 해야 한다고 명시되어 있으며, 그러한 가격 조정의 조건과 범위가 정해져 있다.

УРОК 14 비즈니스 상담 Ⅲ

본문

협상의 4단계

Mr.김 여러분, 어제 여러분들께서는 저희 계약안을 읽어 보셨습니다. 저희가 제안한 조건들에 동의하시는지요?
주문자 3 아니요, 별로요. 우리는 가격, 지불조건과 공급조건에 대해 한 번 더 논의했으면 합니다.
Mr.박 좋습니다. 당신의 제안에 대해 논의해 보도록 합시다.
주문자 3 저희는 가격에 대해 의견이 있는데요. 저희 생각에, 가격을 약간 높이신 것 같습니다.
주문자 1 저희 회사 전문가의 말에 의하면, 귀사의 상품 가격은 국제 가격보다 3%가 높다고 합니다.
주문자 2 가격을 3% 낮춰 주실 수 있습니까?
Mr.박 아니요, 불가능합니다. 일부 지표에 따르면 저희 회사의 제품은 여러분이 잘 알고 있는 회사의 유사 제품보다 품질이 더 좋습니다.
Mr.김 저희는 가격 인하에 대한 여러분의 부탁을 받아들일 수 없습니다.
주문자 1 우리의 협상을 이틀 후에 계속 진행할 것을 제안드립니다.
Mr.박 제안을 받아들이겠습니다.

(이틀 후)

Mr.박 우리는 가격을 재검토하는 것에 동의합니다.
Mr.김 가격 논의를 재개할 준비가 되었습니다. 계약안에 새로운 가격을 명시해 놓았습니다. 봐 주십시오.
주문자 3 귀사 제품의 가격이 2%가 낮아졌고, 국제가격보다 1%가 높아졌습니다. 저희는 3%의 가격인하를 요청했었습니다.
Mr.박 하지만 우리는 계약서의 일부 조항들을 이행하고 있습니다.
주문자 3 좋습니다. 제안해 주신 새로운 가격에 동의합니다.
주문자 1, 2 찬성합니다.

독해 연습

협상의 연장

주문자 3 지불조건에 대해 논의하는 것을 제안 드립니다.
Mr.김 찬성합니다. 저희 회사는 자유롭게 환전할 수 있는 통화로 계산합니다.
주문자 3 이의 없습니다. 미국 달러로 상품 대금을 지불하는 것에 동의합니다.
주문자 1 유감스럽지만, 저희는 1/3은 경화로, 2/3는 루블로 지불할 수 있습니다.
Mr.박 저희는 당신의 제안을 받아들일 수 없습니다.
Mr.김 Mr.박, 제 생각에는, 주문자들에게 분할지불을 허가할 수 있겠네요. 동의하시나요?
주문자 1 네, 괜찮은 제안입니다.
주문자 2 Mr.김, 현재 저희는 통화로 요구되는 금액이 없습니다. 은행대출을 받았으면 하는데요.
Mr.김 제 생각에, 저희 회사의 담보대출을 해 드릴 수 있을 것 같습니다.
주문자 2 어떤 조건에서 대출을 해 주시는 겁니까?
Mr.박 1년 예정으로 지불액의 연 10% 대출을 허가합니다.
주문자 2 마음에 드는 조건입니다.
Mr.김 첫 번째 주문자에게 궁금한 점이 있습니다. 상품 대금을 언제 지불하실 건가요?
주문자 1 물품이 발송되는 즉시 지불하겠습니다. 저희는 귀사의 지불조건에 찬성합니다.

독해 연습

공급 조건

주문자 3 우리는 이제 공급조건과 공급기한에 대해 논의하고 싶습니다.
주문자 1 네, 저희 역시 공급기한이 궁금합니다.
Mr.박 저희는 내년 1월에 공급을 시작할 계획입니다.
주문자 3 유감스럽지만, 저희는 당신이 제안한 공급 조건을 받아들일 수 없습니다. 저희 은행은 당장 이번 년도에 컴퓨터가 꼭 필요합니다.
주문자 2 저희 역시 공급 기한이 마음에 들지 않습니다.
Mr.박 우리가 본질적으로 공급기한을 변경할 수는 없습니다.
Mr.김 제 생각에, 공급기한을 몇 달 정도 단축할 수 있을 것 같습니다. 조력해 보겠습니다. 공급은 올해 말쯤 시작될 것입니다. 아마 11월 정도요.
주문자 1 좋습니다, 그 기한은 마음에 듭니다.
주문자 2 공급은 어떻게 시행됩니까?
Mr.김 컴퓨터를 몇 부분으로 구분해서 납품할 겁니다.
주문자 2 만약 공급기한을 지키지 못하신다면, 위약금을 지불해야 하심을 기억하셔야 합니다.
Mr.박 우리는 조건들을 이행하고, 올해 11월 컴퓨터의 첫 번째 품목의 공급기한을 위반하지 않을 것을 약속합니다.

독해 연습

독립국가연합의 지하자원

독립국가연합은 다양한 지하자원을 보유하고 있다. 석탄 채광의 주요 탄전은 도네츠크 탄전, 쿠즈네츠크 탄전, 카라간다 탄전, 페초라 탄전이다.

석유는 서부 시베리아, 포볼지예(볼가강 유역 지방), 아제르바이잔, 북부 카프카즈와 그 밖의 지역에서 채굴된다. 서부 시베리아는 석유가 매장되어 있지만, 영토의 자연 조건이 매우 혹독하기 때문에 이 지역을 개발하기는 어렵다. 석탄, 석유, 가스는 가연성(동력의) 지하자원이다. 그것들은 화학공업을 위한 연료와 원료로 사용된다.

독립국가연합은 광석이라 불리는 금속 지하자원을 보유하고 있다. 크리보로즈 광산, 쿠르스크 광산, 우랄, 카자흐스탄, 동부 시베리아에서 철광석이 채굴된다. 망간광, 동광, 복합금속과 그 밖의 금속광물들의 대규모의 보유고가 존재한다.

독립국가연합에는 수많은 비금속광물 매장지가 있다 유황, 인회석, 인광 외 많은 다른 것들이 그것이다. 화학공업, 즉 건축자재공장에서는 비료생산을 위해 비금속광물을 사용한다.

УРОК 15 비즈니스 상담 IV

본문

주문자 3 화물을 어떻게 운송하실 건가요? 항공로나 해항로로 운송하실 건가요, 아니면 철도로 운송하실 건가요?
Mr.박 저희는 화물을 해항로로 운송할 것입니다.
주문자 2 그럼 저희는 화물 하역 장소를 정해야겠네요.
Mr.김 하역될 장소는 페테르부르크 시의 항구입니다.
주문자 1 화물 적하 및 운송비용은 누가 지불합니까?
Mr.박 회사가 지불할 것입니다.
주문자 3 불량품 수거비용은 귀하의 회사가 부담하는 것을 요청합니다.
Mr.박 알겠습니다. 불량품은 모스크바에 있는 저희 회사의 비용으로 수거할 것입니다. 니콜라이 페트로비치, 주문자들에게 어떤 서비스를 제공하실 수 있는지 말씀해 주십시오.
N.페트로비치 저희는 보통 운송시 발생하는 불량품을 수거하는 것뿐만 아니라, 회사 설비 또한 설치해 드립니다.
주문자 1 설비 설치비용은 귀하의 회사가 부담하는 겁니까?
Mr.박 아닙니다, 우리는 단지 불량품만 회사의 비용으로 수거합니다. 설비를 설치하기 위해서는 니콜라이 페트로비치가 사장으로 있는 기업체와 별개의 계약을 맺어야 합니다. 설비 설치로 인해 발생하는 금액은 그 계약서에서 산정하실 수 있습니다.
주문자 2 알겠습니다. 이건 다른 회담 주제인 거군요. 저는 예비 부품의 공급비용은 어떻게 지불되는지 알고 싶습니다.

Mr.박 그것과 관련한 모든 내용이 계약서에 언급되어 있습니다. 저희 회사 설비의 보증기간이 만료되면 구매자는 컴퓨터 기계의 모든 이용 및 수리비용을 부담하셔야 합니다.
주문자 3 세금 납부에 관해 논의합시다. 계약 가격에 지방세가 포함되어 있습니까?
Mr.박 아니요. 저희 계약서에 그런 조건은 없습니다. 지방세는 주문자가 지불합니다.

독해 연습

협상의 연장

Mr.김 우리는 당신들과 계약의 주요 조항에 대해 합의했습니다. 계약서 초안과 관련하여 어떤 궁금한 점이나 의견 있으십니까?
주문자들 우리는 계약 조건들에 전적으로 동의합니다.
Mr.김 이의 없으시다면, 언제 계약을 체결할지 정하도록 합시다.
주문자 3 내일 오전 10시에 계약을 체결할 것을 제안합니다.
Mr.박 좋습니다. 그때가 좋겠네요.
주문자 2 그럼 저희는 저희 회사의 전문가들에게 계약체결을 준비할 것을 요청하겠습니다.

독해 연습

중부지방의 경제지리적 정세

중부지방은 유리한 경제-지리적 정세를 갖추고 있다. 오래전부터 볼가강, 드네프르강 등은 러시아의 중앙부와 다른 국가들 및 인근 국토들을 연결시켰다. 중심적인 위치라는 것을 포함한 여러 근거들은 급속한 지역경제개발과 주요 도시인 모스크바의 정치적 역할에 영향을 주었다.

중부지방에는 공업이 고도 성장되어 있고, 고급 인력이 존재한다. 지역은 수송로로 발트해 연안과 흑해 연안의 주요 대외무역 항구들과 연결되어 있으며, 국경 부근의 철도역들과도 연결되어 있다. 편리한 교통, 고도로 발달한 독립국가연합 지역들 및 해외 국가들과의 수송-경제적 관계, 그리고 중심지 위치와 수도의 위치는 러시아 국민경제에서 주도적인 중심지 역할을 결정한다.

УРОК 16 합영기업

본문 I

러시아에 세제 생산 합영기업을 설립하는 것에 관심을 가진 공장 대표자들과 그 제품의 생산회사 대표자와의 미팅에서.
벨로프 저희는 저희 기업을 기반으로 한 세제 생산 공장의 설립에 관심을 갖고 있으며, 이 사업에 도움을 주실 수 있는 파트너를 찾고 있습니다.

Mr.박 흥미로운 사업인 것 같습니다. 저희 회사는 지금 다양한 투자 방안을 검토 중에 있습니다. 귀사의 합영기업 설립 아이디어는 어떤가요?

벨로프 : 현재 저희 기업에는 이미 (공장)토지가 준비되어 있으며, 원료 보관 수용력 등과 같은 몇몇 종류의 설비가 있음은 물론, 노동력과 특정 원료도 제공할 수 있습니다. 저희는 귀사 측에서 기술과 특별 장비 및 완제품 생산에 필수적인 몇몇 성분을 제공 받았으면 합니다.

Mr.박 그렇다면, 러시아 측의 참여 비율은 어느 정도 되어야 한다고 생각하시나요?

벨로프 러시아 법규와 저희만의 입장을 고려하자면, 러시아 자본 비율이 60% 이상 되었으면 합니다.

Mr.박 근본적인 원칙은 잘 알겠습니다. 차후 자세한 대화를 하려면 예산을 짜 봐야 합니다. 내일 다시 뵈었으면 합니다.

본문 II

다음 날

Mr.박 자, 기본적인 계산을 해 봤습니다. 설비의 대략적인 가격은 이백만 달러입니다. 저희가 제공하는 원료의 가격은 1년에 완제품 3000톤이라고 계산하면 연 백 오십만 달러입니다. 기술 값은 설비 가격에 포함시켜 계산했습니다. 이것은 기업 설립 시 저희의 지출이 귀사측 지출보다 높다는 것을 의미하고, 분담 비율에 부합하지 않습니다.

벨로프 저희가 저희 자금으로 귀사 설비의 일부를 구매했으면 합니다. 동시에 금전적으로 저희 비율을 채우고요.

Mr.박 그와 같이 문제를 해결한다면, 저희가 보기에도 괜찮습니다. 아직 해결되지 않은 판매시장 문제가 남아있군요.

벨로프 처음에는 완제품의 약 30%정도를 러시아에서 판매하는 것을 제안합니다. 나머지는 귀사에서 원거리로 인해 판매가 힘들지만 저희에게는 지리적으로 편리한 지역의 시장에 수출할 것 입니다.

Mr.박 합리적인 비율입니다. 그럼, 귀사의 제안을 받아들일 준비가 돼 있습니다.

벨로프 그러면 의향서에 차후 사업기간 및 목표를 구체적으로 적고 협정을 맺읍시다.

Mr.박 좋습니다.

본문 III

계약서

«Alpha» 합영기업 사업 창립 계약서

대표이사가 대표하고 있고, 러시아 법규에 의거한 러시아 법인 생산-과학 연합 «R» (이하 NPO «R»)과 사장이 대표하고 있으며, 미화 백만 달러의 자본금이 있는 한국 법규에 의거한 주식회사 «K»는 이하 «동업자»로 표기하며 아래의 조항에 합의하였다.

제 1조
1.1 동업자들은 NPO «R»에 속해 있는 러시아 모스크바 공장 영지에 합영기업(이하 «기업»)을 창립한다.

제 2조
2.1 기업은 러시아 법규에 의해 법인으로 등록된다.
2.2 기업의 재산은 러시아 보험주식회사 «Ingosstrah»의 보험에 가입돼야 한다.

제 3조
3.1 기업은 동업자들 국가에 지점 및 분소를 둘 수 있으며, 합영기업 조약에 따라 만장일치로 합의된 동업자의 결정에 의해 제 3국의 영토에도 지점 및 분소를 둘 수 있다.

제 4조
4.1 기업의 등록 시점부터 향후 6년간의 투자, 생산-판매 계획과 완제품 및 부속품 가격은 본 계약서 부칙 1, 2, 3에 표기되어 있으며, 이 부칙들은 동업자들의 합의에 따라 정의한다.
4.2 동업자들이 계약서의 부칙에 정의된 회계, 생산, 영리 등의 의무를 불이행하여 이익 손실 및손해가 발생한 경우 동업자와(또는) 기업은 본 계약서를 위반한 것으로 간주한다. 이 경우 동업자는 계약서 19, 20, 21조에 따른다.

제 7조
동업자는 다음과 같은 조항에 합의하였다.
А) 합영기업의 경영진은 회장을 포함하여 5명으로 구성된다.
Б) 경영진 중 3명은 러시아측 동업자이며, 2명은 한국측 동업자이다.
В) 경영진의 회장은 러시아 국민이다.
Г) 합영기업의 이사회는 각 동업자 국가의 대표자를 포함하며, 대표 이사로 러시아 국민이 임명되며, 부대표이사로는 대한민국 국민이 임명된다.

제 8조
기업은 경영진에 의해 승인되고 독립적으로 개발된 생산, 회계, 투자 등의 (당해) 연도 및 전망 계획을 기반으로 주어진 사업을 이행한다.

제 9조
9.1 기업은 루블을 단위로 하여, 외화를 포함한 내부 금융을 기반으로 하는 대차대조표를 갖는다.
9.2 기업의 창립 및 사업과 관련된 외화 산정은 해당 거래시행일의 러시아 국립은행 환율에 따라 루블로 계산한다.

독해 연습

북서부 지역의 지역 경제 상황

북서부 지역에는 아르한겔스크, 볼로고드, 레닌그라드, 무르만스크, 노보고로드스크, 프스코프스크 주(州)와 카렐리아 공화국, 코미 공화국이 있다.

영토가 가장 큰 북서부 지역은 대외무역과 지역간 경제 관계에 있어 편리한 입지에 있다. 이 지역의 영토를 발트해, 백해, 바렌체보해가 둘러 싸고 있다.

이 지역은 러시아와 밀접한 경제관계를 갖고 있는 핀란드와 국경을 접하고 있다. 국경 지역에는 공동 건설이 진행되며, 핀란드는 대외무역관계를 위해 러시아 비보르크 항구를 사용한다.

북서부 지역은 여러 경제 지역과 철도, 볼고-발트 해로(海路) 그리고 도관으로 연결되어있다. 특히 이 지역은 중앙 지역과 우랄 지역, 그리고 에너지 체계가 통합된 발트 연안지역과 인접해 있다는 것이 좋은 점이다.

УРОК 17 상품전시회

본문 I

«Cvetmet-92»는 장비와 기계에 사용되는 비철금속 전문 국제 전시회입니다.

전시회는 2016년 5월 28일부터 6월 6일까지 알마티에서 진행됐습니다. 오스트리아, 호주, 영국, 독일, 네덜란드, 스페인, 폴란드, 미국, 핀란드, 스위스, 일본, 카자흐스탄, 러시아, 우크라이나에서 온 회사, 기업, 단체들이 전시회에 전시품을 선보였습니다.

Jan Van der Flis - «Spectro Analytical Instruments»사(社) 해외 판매 매니저 (미국):

작년 12월에 저희는 침켄트 납 공장과 계약을 체결했고 저희는 전시회에 «Spectroflame»이라는 두 개의 계량분석 장비를 전시회에 가져왔습니다. 이 장비는 전시회가 끝난 후 침켄트의 거래처에 보낼 것 입니다.

전시회 기간 동안 저희는 우스티카메노고르스크의 납-아연 종합 공장과 큰 계약을 체결했습니다, 이 종합 공장은 저희에게서 메탈의 질을 조절할 수 있는 장비 세 개를 구매하였습니다. 이전에는 같은 장비를 카자흐스탄의 국립 은행이 저희에게서 구매하기도 했습니다. 저희 장비는 15초만에 금속의 전체적인 분석을 합니다.

Shigenori Komatsu - «Nichimen Corporation»사(社) 부대표 (일본):

저희 회사는 무역업체입니다. 작년부터 카자흐스탄과의 무역 가능성을 검토하기 시작했습니다. 저희가 알마티에 전시회가 개최될 것이라는 것을 알게 되었을 때, 홍보를 하는 것과 동시에 새로운 파트너를 만들고자 전시회 참여를 결정했습니다. 저희는 알마티에 저희 지점을 설립하고 싶습니다.

Konysbay Kutibayev - 침켄트 납 종합 공장 기계부 부장 (카자흐스탄):

저희 공장의 제품을 출품하고 싶어 전시회에 25가지의 제품을 가져왔습니다. 미국에서 오신 사업자분들 과 두 개의 측정 장비 구매 계약과 같은 몇몇 계약을 체결하였습니다. 저희 공장에 필수적인 기계 구입과 관련하여 독일 회사 «Cyclop»과 의견을 나누었습니다.

본문 II

광고

1 «Sony»사(社)는 음악 장비의 최신 모델 녹음기, 오디오, 카세트 플레이어 그리고 소형카세트와 레이저 디스크를 선보입니다. 저희 제품은 고품질과, 현대적 디자인, 합리적인 가격으로 차별화되어 있습니다. 보증 기간 서비스 및 보증 기간 이후의 서비스는 «Sony Service Center»에서 진행되며, 주소는 모스크바 Zoy i Aleksandra Kosmodemiyanskih 거리 31이고, 전화번호는 150-90-74입니다.

2 «Heinrich Mack»사(社)는 의약품, 의료 장비, 신기술 장비를 생산합니다. 저희 회사의 생산 제품은 국제표준에 부합합니다.
도매 구입자에게는 20%까지 할인이 있습니다.

3 «Samsung»이 비디오 카메라, 비디오 카세트, 비디오 플레이어, 냉장고, 컴퓨터, 가전 전자제품을 선보입니다. 도매로 판매됩니다. 계산은 경화(硬貨)로 합니다. 루블로 계산 가능합니다.

4 브라질 커피 납품!
«Unio»사(社)가 다음 품종의 브라질산 커피를 직송으로 납품합니다.
- 커피 파우더 품종 «아라비카», 상표 «Izaura», 은박 포장. 100g. 한 봉지 가격 - 255루블, 컨테이너 1개에 75,600봉지 적재.
- 커피 파우더 품종 «아라비카», 상표 «펠레» 100g 한 봉지 가격 285루블, 컨테이너 1개에 23,200 봉지 적재. 공급 조건 - CIF 상트페테르부르크. 지불 방법 - 루블 비경화 결재 가능. 최소 주문량 - 1 컨테이너.

독해 연습

한국 기업과 러시아 동부지역의 협력 발전 제안 자료

1 이르쿠츠크 주(州)

브라츠크 알루미늄 공장, 우스트 일림트크와 브라츠크 목재업 단지, 안가르스크 연합 «Nefteorgsintes», 산업지역 연합 Irkutsklesprom, Vostsibugol, Vostoksibstroi 등의 단체가 회사 대표자를 만나 자세한 협력 형태를 논의 할 준비가 되어 있음.

2 크라스노야르스크 지방

크라스노야르스크 제철소는 알루미늄합금 압연공장 건설 완료를 위한 합영 기업의 설립(예측 투자량 - 미화 100만달러)에 관심을 갖고 있음. 석탄 채굴 및 가공의 자세한 견적서 작성을 위해 크라스노야르스크시에서 협의할 것을 제안.

3 케메로프스크 주(州)

케메로프스크 주의 화학 기업(NPO «Karbolt», Himvolokno, 코크화학공장)은 한국 회사의 구체적인 제안을 검토할 용의가 있음.

4 노보시비르스크 주(州)

다음과 같은 방향의 협력을 제안:

- 국가 소비 제품 생산부문에서 화학 산업의 공동 생산 조직(organization). 건설에 사용되는 포장재와 플라스틱으로 만든 다양한 제품. 금속, 유리, 라커칠용 광택제, 오일 윤활 첨가제, 클러스터 피복재료.
- 제철 및 비철금속 분야:
  (1) 제철소의 기술적 재장비, 제철소에서 국가 소비물품 완제품으로 공동 생산.
  (2) 해외투자사용, 운송기술 및 설비 사용, 금속합금, 양철, 백납, 합금과 이 금속들로 만든 제품 생산 조직(organization) 노하우. 제약 및 유리산업에서 금속비소, 텅스텐함유 광재 가공을 위한 삼산화비소의 사용.
- 신발 제조에 이용되는 상혁(床革)생산 및 피혁(皮革)생산을 위한 현대기술장비 납품, 피혁 제품 공동 생산 조직(organization).

5 옴스크 주(州)

수송 루트가 해결되거나 관심을 갖고 있는 수송 단체가 참여할 시, 연계 무역으로 카본 블랙, 인조 고무, 석유제품을 제안. 합영기업 설립 가능.

УРОК 18 도모데도보공항

본문

Mr.박 안녕하세요!
계산원 안녕하세요!
Mr.박 타슈켄트로 가는 항공편이 몇 개 있는지 알려주세요.
계산원 타슈켄트로가는 비행기는 매일 있습니다.
Mr.박 타슈켄트로 가는 가장 가까운 항공편은 언제인가요?
계산원 오늘은 이미 항공편이 없습니다만 내일 항공편은 있습니다. 아침 7시 비행기입니다.
Mr.박 그 항공편 번호가 어떻게 되나요?
계산원 507입니다.
Mr.박 직항인가요?
계산원 네, 직항입니다.
N.페트로비치 타슈켄트로 가는 비행기표 두 장이 필요합니다.
계산원 여권 좀 부탁드립니다.
N.페트로비치 여기 있습니다. 왕복으로 끊어주실 수 있으신가요?
계산원 네.
Mr.박 그럼 비행기 표 두 장 끊어주세요. 타슈켄트에 2주간 있을 겁니다.
계산원 여기 있습니다.
Mr.박 표 한 장에 얼마입니까?

계산원 600달러입니다.
Mr.박 저희가 얼마를 내야 하죠?
계산원 1200달러입니다.
Mr.박 여기 있습니다. 탑승 수속은 언제 시작하나요?
계산원 이륙하기 한시간 반 전에 시작합니다.
Mr.박 감사합니다. 안녕히 계세요.
계산원 안녕히 가세요.

응용 회화 I

직원 존경하는 승객여러분! 항공편번호 507 비행기의 탑승 수속은 두 번째 구역입니다.
Mr.박 니콜라이 페트로비치. 탑승 수속 어디에서 하는 것인가요? 잘 이해를 못했습니다.
니콜라이 페트로비치 두 번째 구역이요.
Mr.박 여기 있네요.
직원 짐을 저울에 올려주세요. 무게가 초과되었네요.
Mr.박 초과 무게 비용은 얼마를 내야 하나요?
직원 150달러 더 내셔야 합니다.
N. 페트로비치 상자가 엄청 무겁네요! 이게 뭔가요?
Mr.박 선물을 가져가거든요. 개인용 컴퓨터 두 대입니다. 이 가방은 제가 기내로 가져가도 되나요?
직원 네, 물론입니다.
Mr.박 저희 비행기의 탑승은 어디서 하나요? 탑승 공지 이미 했나요?
N.페트로비치 서두르지 마세요, 박 사장님. 탑승 공지 할 겁니다.
Mr.박 좋아요. 그럼 대기 장소에 가 있읍시다.
N.페트로비치 갑시다.

응용 회화 II

Mr.박 저희가 상공 몇 미터에서 비행하는 거죠?
N.페트로비치 10,000 미터요.
옆 자리에 앉은 사람 저희 비행기 비행 속력은 어떻게 되나요?
N.페트로비치 시속 900km입니다.
옆 자리에 앉은 사람 실례합니다. 자기소개를 안 했네요. 저는 Mr.Faulkner라고 합니다. 여행을 하고 있습니다. 영국 관광객입니다.
Mr.박 저는 Mr.박입니다. 한국에서 온 사업가입니다.
N.페트로비치 니콜라이 페트로비치입니다. 무역업을 하고 있습니다.
Mr.포크너 니콜라이 페트로비치, 당신은 영국에 가 봤나요?
N.페트로비치 네, 물론입니다. 런던이 아주 마음에 들었습니다. 다른 도시에도 가 봤습니다.
Mr.포크너 Mr.박은 런던에 가 봤습니까?

Mr.박 네, «Symantec Corporation»사(社) 건으로 런던에 가 봤습니다.
Mr.포크너 박 사장님 회사에 대해 좋은 얘기 많이 들었습니다.
Mr.박 감사합니다.
Mr.포크너 비행이 시간이 얼마나 더 걸리죠?
N.페트로비치 4시간이요.
Mr.박 Faulkner씨는 자주 비행기를 타시나요?
Mr.포크너 네 충분히 자주 탑니다. 근데 가끔은 비행기에서 몸이 안 좋을 때가 있습니다. 심장이요. 지금도... 스튜어디스 좀 불러 주시겠어요?
스튜어디스 무슨 일인가요? 불편하신가요? 위생 봉투를 드릴까요?
Mr.포크너 아니요. 물 좀 주세요.
스튜어디스 여기 있습니다.
N.페트로비치 좀 나아 지셨나요?
Mr.포크너 네, 감사합니다.
Mr.박 아침 식사는 언젠가요?
스튜어디스 30분 뒤입니다.

독해 연습

중앙아시아의 지리-경제적 위치

중앙 아시아 국가인 우즈베키스탄, 투르크메니스탄, 키르기스스탄 그리고 타지키스탄은 구 소련 가장 남쪽에 위치해 있습니다. 중앙아시아의 남쪽과 동쪽으로는 이란과 아프가니스탄 그리고 중국과 국경을 접하고 있으며, 북쪽으로는 카자흐스탄과 국경을 접하고 있습니다. 이 지역의 서쪽에는 카스피 해가 둘러싸고 있습니다. 국경은 텐산 산맥의 가장 높은 산맥, 파미르 알라이, 코페트다그 산맥과 교차하고 있습니다. 오직 계곡과 산의 저지대를 통해서만 이웃 국가와 소통이 가능합니다. 소련의 도움으로 쿠슈크에서부터 아프가니스탄 깊은 곳까지 도로가 연결 되었습니다. 카스피 해 항로는 중앙아시아 공화국을 남카프카즈와 북카프카즈를 연결하며, 볼가 강으로 향해 나갑니다. 카자흐스탄과의 국경은 사막 평지와 낮은 산맥을 지납니다. 사막의 거대한 면적과 가장 높은 산맥이 그 지역의 천연 지원 개발에 저해되기는 하지만, 현대 기술과 다른 국가의 우애적 도움으로 성공적으로 개발되고 있습니다.

УРОК 19 레스토랑

본문 I

Mr.박 자, 저희 레스토랑에 도착했습니다. 2층으로 가시죠.
지배인 안녕하십니까.
N.페트로비치 안녕하세요! 두 명 자리가 필요합니다.
지배인 이쪽으로 오시죠. 여기 자리가 있습니다.

Mr.박 근데, 저기 창가 쪽 자리는 비어 있나요?
지배인 아니요, 죄송하지만 지금 그쪽은 비어있는 자리가 없습니다. 이 자리가 비어 있습니다. 앉으세요.
종업원 무엇을 주문하시겠습니까? 여기 메뉴판입니다.
N.페트로비치 우리 뭐 주문할까요? 엄청 배가 고프군요.
Mr.박 «Vesenmii» 샐러드, 치즈와 캐비어 어떤가요.
N.페트로비치 그건 차가운 전채요리인데, 따뜻한 요리로는 뭘 주문할까요?
종업원 따뜻한 전채요리로 채소수프와 메인요리로는 프라하식 커틀릿을 추천합니다.
N.페트로비치 좋습니다.
종업원 마실 것은 뭘로 주문하시겠습니까?
Mr.박 생수 두 병과 드라이와인 한 병 주세요.
종업원 다른 거 더 필요한 건 없으신가요?
N.페트로비치 좀 이따가 커피와 아이스크림 갖다 주세요.
종업원 알겠습니다. 그럼, 전채요리로 «Vesennii»샐러드, 치즈, 캐비어, 따뜻한 요리로 채소수프와 프라하식 커틀릿, 그리고 드라이 와인 한 병과 생수 두 병, 그다음에는 커피 두 잔과 아이스크림 두 개. 이렇게 주문하신 거 맞으신가요?
Mr.박 네, 맞습니다.
N.페트로비치 점심 아주 맛있었습니다. 아르바트 거리를 산책해도 되겠네요. 종업원! 계산서 좀 갖다 주세요.

해설

메뉴

차가운 전채요리

버섯
생선이 들어간 젤리
캐비어
로스트비프
샐러드
굴

따뜻한 전채요리

고기국물
보르쉬
토마토 수프
양파 수프
생선 수프

메인 요리

용철갑상어 구이
송어

양고기
비프 스트로가노프
비프 스테이크
소고기
송아지 고기
에스칼로프
닭고기
오리고기

디저트
아이스크림
파이
휘핑 크림
살구
파인애플
바나나
포도
자몽
레몬
복숭아
사과
과일 샐러드

주류
진
브랜디
보드카
코냑
샴페인
드라이 와인
스위트 와인

음료
코코아
코카콜라
커피
레몬 추가
우유 추가
아이스크림 추가
블랙커피
주스
생수
초콜릿

본문 II

리셉션에서

러시아의 무역대표팀의 팀장이 손님들에게 말한다.

"존경하는 여러분! 우리는 여러분과 함께 앞으로의 양국 간 무역 활성을 위해 유익하고도 큰 일을 마무리 지었습니다.

무역 협약서와 계약서의 체결은 공정성과 상호 이익을 원리로 한, 업무 관계 발전 및 증진을 위한 양국의 상호 노력의 증거입니다.

평화와 양국간 선린관계, 그리고 향후 유익한 협력을 위해 건배를 제안합니다!"

Mr.박이 답사로 응한다:

"존경하는 여러분! 저희 무역대표팀의 이름으로, 저희가 여러분 국가에서 받은 환대와 정성스런 접대를 진심으로 감사하게 생각합니다.

또한 저희 사업미팅의 성공적인 마무리와 일련의 주요 무역 계약 체결과 관련하여 만족했음을 말하고 싶습니다.

향후 양국간의 우호적 관계 증진과 성공적인 무역 및 협력 발전을 위해 건배를 제안합니다.

독해 연습

모스크바 산책

모스크바에서 산책합시다. 모스크바는 나라에서 가장 큰, 그리고 세계에서 정치적, 학문적, 산업적, 문화적 주요 중심지 중 하나입니다. 모스크바의 면적은 거의 2500㎢에 달하며, 인구는 천만 명이 넘습니다. 고대 러시아 연대기에서는 모스크바라는 지명이 1147년에 처음 사용되었으며 수즈달 대공 유리 돌고루키가 이 도시를 건립했다고 합니다. 1947년 모스크바 800주년 행사 날 모스크바 이사회 건물 맞은편 소련 광장에 유리 돌고루키 동상이 세워졌습니다.

트베르스카야 거리는 도시의 중심 거리입니다. 이 거리에는 중앙 전신국 건물이 있습니다.

트베르스카야 거리를 따라 위로 올라갑시다. 푸시킨 광장에는 1960-1961년에 건설된 «러시아» 극장이 우리의 이목을 끕니다. 이 극장은 도시의 가장 큰 극장중 하나입니다. 여기서 국제 영화제가 진행되고, 영화가 초연됩니다.

많은 관광객들은 모스크바를 관광할 때 전망대인 모스크바 강의 볼쇼이 카멘니교(橋)에서부터 시작합니다. 볼쇼이 카멘니교라는 이름은 여기서부터 크렘린과 강의 아름다운 경치가 펼쳐지기 때문에 붙여졌습니다. 이반 대제 종탑의 둥근 지붕이 태양에 빛나고, 대크렘린 궁전건물과 보도브즈보드니라는 이름의 크렘린 성벽 코너에 있는 탑이 특출난 장엄함을 품고 있습니다. 탑의 명칭은 17세기에 탑 속에 물을 끌어올리는 기계가 설치되었던 것을 상기시킵니다. 그 기계는 강에서 물을 가져와 탑의 위층에 위치한 저장소까지 끌어 올렸소, 거기서부터 물은 배관을 통해 차르의 궁전과 정원으로 보내졌습니다.

크렘린으로부터 멀지 않은 곳에 있는 스베르들로프 광장에는 볼쇼이 극장이 있습니다. 극장 건물은 1821-1824년 지어졌습니다. 그 건축물은 기둥과 아폴론전차에 서있는 조각상이 강조된 엄격한 고전 형태가 특징적입니다. 1853년 극장 건물은 화재로 소실되었었지만, 곧 건축가 A.Kavos의 지도하에 복원되었고, 3층까지 증축되었습니다. 극장은 관객 2500명까지 수용할 수 있습니다. 극장의 웅장한 정면은 크라스니 소공원과 조화를 잘 이루며, 광장에 특별한 장엄함 분위기를 만듭니다.

УРОК 20 모스크바의 상점

본문

이미 보셨듯, 모스크바는 거대한 도시이기 때문에 다른 큰 도시처럼 여기에도 많은 상점들이 있습니다. 모스크바에서 가장 큰 상점은 국영백화점, 중앙백화점, 그리고 «아이들 세상(유아, 아동용품 가게)»입입니다. 이 백화점 안에는 옷과 신발, 가전 제품, 인형을 구매할 수 있습니다. 최근 저희 도시에서 전 세계적으로 유명한 옷, 향수 생산 회사들이 개업했습니다.

모스크바에는 신발이나 가구만 살 수 있는 상점들과 같이 전문화된 상점도 있습니다. 저기 우리가 지금 지나가고 있는 거리 오른쪽을 보시면, «남성 옷», «집을 위한 모든 것», «기념품» 가게들이 있고, 오른쪽에는 «장난감 집», «선물», «여성 옷»가게가 있습니다. 만약 아내분이나 따님에게 비싼 선물을 하고 싶으시다면, «모피» 가게에 가시거나 귀금속 가게에 가셔야 합니다.

물론 모스크바에는 식료품점도 많이 있습니다. 우유, 치즈, 사탕, 햄, 빵과 같이 다양한 식료품을 살 수 있는 가공식료품점이 있고, «빵가게», «우유가게», «과자가게», «음식가게»와 같이 전문 식료품가게도 있습니다.

응용 회화 I

A

Mr.박 여기가 유명한 아르바트 거리군요!
N.페트로비치 «선물»가게에 들어갑시다.
Mr.박 저기요, 선물을 고르려는데 좀 도와주시겠어요?
판매원 누구에게 선물하실 건가요? 여자분이요? 남자분이요?
Mr.박 남자에게 선물할 거예요.
판매원 아주 섬세한 작업으로 만든 체스가 있어요.
Mr.박 그 사람은 이미 좋은 체스가 있어요.
판매원 가죽으로 만든 제품을 좀 보시겠어요? 저희 가게에는 좋은 서류 파일과 지갑이 있습니다.
Mr.박 오, 이것이 제가 살 것이군요. 제 아들에게 서류 파일을 선물하겠습니다. 저 검은색 파일 좀 보여 주세요. 아들이 마음에 들어 할 것 같군요. 파일 얼마인가요?
판매원 400루블입니다.
Mr.박 사겠습니다.

Б

N.페트로비치 그럼, 이제 국영백화점으로 갈까요?
Mr.박 모스크바에서 가장 큰 가게이지 않습니까. 당연히 가야죠.
N.페트로비치 국영백화점에서 뭘 사실 건가요?
Mr.박 셔츠랑 넥타이를 생각 중입니다.
N.페트로비치 그거는 1층에 있습니다. 갑시다. 자 여기 이 코너입니다. 골라보세요.
Mr.박 저기요, 아가씨, 이 넥타이 좀 보여주세요.
판매원 이거요?
Mr.박 아니요 그거 말고. 저거 파란 거요.
판매원 여기 있습니다.
N.페트로비치 아가씨, 저는 이 셔츠 좀 보여주세요.
판매원 여기 있습니다. 한번 보세요.
N.페크로비치 아쉽게도, 이 셔츠 사이즈가 41인데, 저는 42사이즈가 필요해요.
판매원 여기 있습니다. 이 색이 어울리시네요. 사세요.
N.페트로비치 이 셔츠 얼마인가요?
판매원 900루블입니다.

응용 회화 II

V.이바노비치 어땠나요. 관광은 마음에 들었나요?
N.페트로비치 아주 마음에 들었습니다. 정말 감사합니다. 박사장님은 어땠습니까?
Mr.박 네, 물론 좋았습니다. 특히 크렘린과 크렘린 박물관, 러시아 성당이 마음에 들었습니다. 그리고 또 레프 톨스토이와 알렉산드르 푸시킨과 같은 위인들의 동상도 마음에 들었습니다. 푸시킨이 러시아인들에게 매우 소중한 분이라는 걸 알게 되었습니다.
V.이바노비치 관광이 마음에 드셨다니 기쁩니다. 지금은 레스토랑 «프라하»에 점심 식사 초대를 하고 싶습니다.
N.페트로비치 안타깝게도 저는 여러분과 점심식사를 할 수 없습니다. 이미 오랫동안 모스크바에 살고 있는 오랜 학교 친구와 어제 전화했거든요. 오늘 그 친구와 만나기로 했습니다. 블라디미르 이바노비치, 쿤체보에 가려면 어떻게 해야 합니까?
V.이바노비치 친구 주소 좀 저한테 보여주세요.
N.페트로비치 여기 있습니다.
V.이바노비치 먼저 우리 같이 전철로 «아르바트스카야»역까지 같이 가고, 저는 박사장님과 같이 레스토랑 «프라하»에 가서 점심을 먹겠습니다. 니콜라이 페트로비치 씨는 다른 호선으로 갈아타셔서

«쿤체프스카야»역까지 가세요. 그리고 트롤리버스로 두 정거장을 가면 목적지에 도착하십니다.

N.페트로비치 감사합니다. 저녁에 호텔에서 뵐게요.
V.이바노비치 조심히 가세요! 저녁에 봅시다.

독해 연습

모스크바 산책 - 후편

노브이 아르바트 대로는 도시의 활기있는 거리 중 하나입니다. 1966-1968년 거리의 양 측에 고층 건물이 지어졌습니다. 건물에는 공공기관, 주거 공간이 있으며, 아래층에는 상점과 카페, 바가 있습니다. 대로의 끝에서는 고층건물 호텔 «우크라이나»가 잘 보입니다.

호텔 «우크라이나» 남쪽 측면에는 노브이 아르바트 대로가 계속 연장되는 쿠투조프스키 대로가 나 있습니다.

쿠투조프스키 대로를 따라 계속 가보면, 둥근 형태의 건물에 주목하게 됩니다. 이 건물은 «보로디노 전투» 파노라마 박물관입니다. 박물관의 진열품으로 1812년 조국전쟁에 대해 이야기 해 주는 많은 원본 서류와 전시품이 있습니다. 박물관 건물 옆에는 위대한 러시아 대령인 쿠투조프(M.I.Kutuzov) 동상이 있습니다.

이제 모스크바의 다른 끝인 미르 대로로 이동해 봅시다. 미르 대로에는 1959년에 건설된 국민 경제 성과 박람회장(VDNH)이 위치해 있습니다. 박람회는 산업, 건설, 교통, 농업, 문화와 보건 분야의 성과를 널리 공개하며 광고합니다. 박람회장에는 거의 80개의 전시관이 있으며, 각 전시관은 경제와 산업 분야 중의 하나를 담당합니다. 박람회장의 면적은 약 310헥타르로 매우 거대합니다. 여러분은 박람회장에서 «민족의 우정» 분수대를 보고 계십니다.

로마노소프 모스크바 국립 대학교는 전 세계적으로 유명합니다.

대학교의 첫 번째 건물은 유명한 건축가 카자코브이(M.F.Kazakovii)에 의해서 18세기 말 도시 중심에 세워졌습니다. 1812년 화재로인해 건물은 상당히 소실되었고, 1817-1819년 질리야르디프(D.Zhiliyardiv)에 의해 건축적으로 다시 설계되고 복원되었습니다.

대학교의 새로운 복합단지는 1949-1953년에 수도의 북서쪽에 건설되었습니다. 320헥타르의 면적에 30채 이상의 교육 건물과 식물원, 수목원, 헬스 시설이 위치해 있습니다.

레닌언덕(참새언덕)에서는 모스크바에서 가장 큰 종합운동장인 중앙 운동장이 보여 훌륭한 광경을 볼 수 있습니다. 종합 운동장에는 대형 운동경기장과, 소형 운동경기장, 체육관, 테니스장 등의 시설이 있습니다. 종합 운동장의 대형 운동경기장은 100,000명 이상의 관객을 수용할 수 있으며, 1980년에 하계 올림픽 개막식과 폐막식이 이루어진 곳입니다.

02 해답

확인문제

УРОК 12

1

① До начала переговоров заказчики узнают стоимость товара на мировом рынке.
② Заказчики встречаются с представителями нескольких фирм.
③ Заказчики решают подписать контракт с фирмой, когда предварительные переговоры заканчиваются.
④ Они начинают переговоры с целью составления проекта контракта.
⑤ Переговоры можно провести в три-четыре недели. Потому что существуют разногласия между сторонами по условиям контракта.
⑥ Заказчик старается снизить цены, а исполнитель заинтересован в том, чтобы заключить выгодную сделку.
⑦ Нельзя затягивать переговоры.

2

① Николай Петрович спросиил господина Пака: разговаривал ли он по телефону с президентом компании.
② Да, конечно.
③ Он прилетит в Москву в 12 часов по московскому времени.
④ Он будет участвовать в переговорах.

УРОК 13

1

① Заказчики интересуются коммерческими операциями фирмы.
② Они хотели бы подписать контракт. Их банку нужны персональные компьютеры.
③ Можно продемонстрировать программное обеспечение.
④ Заказчики получат подробную информацию про модели компьютера на следующей встрече.
⑤ Следующая встреча состоится в московском представительстве компании мистера Пака.

2

① Это документ, где прописано подробное описание модели, проектная характеристика, методы использования и характеристика возможностей товара.
② Заказчики должны познакомиться с технической документацией, чтобы удовлетвориться в товаре.
③ Эксперт рекомендует заказчику заключать или не заключать контракт.
④ Дали ли эксперту техническую документацию модели. И чем новая модель отличается от старой.
⑤ Проектные характеристики, методы использования и возможности модели компьютера его удовлетворяют.
⑥ Обсуждение отдельных пунктов контракта начнётся на следующей неделе.

3

① Нужно знать язык страны, с которой торгуешь.

② Он уже не раз участвовал в переговорах в России.

③ Николай Петрович попросил господина Кима рассказать, как проходят переговоры.

④ Мистер Ким расскажет, как проходят переговоры, во время обеда.

УРОК 14

1

① Не совсем.

② С ценами. Им кажется, что они несколько завышены.

③ Исполняющая сторона не хочет снизить цены.

④ 1 заказчик предложил продолжить переговоры через 2 дня.

⑤ Представители фирмы согласились пересмотреть цены на второй встрече.

⑥ Они снизили цены на 2%. Они берут на себя выполнение некоторых пунктов контракта.

⑦ Заказчики согласиились с новой ценой.

2

① Третий заказчик на новой встрече предложиил обсудиить условия платежей.

② Фирма-исполнитель производит расчеты в свободно конвертируемой валюте.

③ Нет. 1 и 2 заказчики не согласны.

④ Они могут предоставить рассрочку платежей или предоставить кредит.

⑤ Фирма может предоставить кредит на 1 год из расчета 10% годовых.

⑥ Первый заказчик оплатит товар сразу после отгрузки.

3

① Продавцы и покупатели на последней встрече обсуждали условия и сроки поставки.

② Фирма предложила начать поставки компьютеров в январе будущего года.

③ Заказчики не согласились с этим сроком.

④ Да. Фирма может сократить сроки поставок на несколько месяцев.

⑤ Фирма будет поставлять компьютеры партиями.

⑥ Фирма заплатит неустойку.

⑦ Фирма обязуется выполнить условия.

УРОК 15

1

① Все правильно.

② Фирма-исполнитель будет транспортировать груз водным путем.

③ Расходы за погрузку и транспортировку груза будет нести фирма.

④ Устранять дефекты будет фирма.

⑤ Установка компьютерного оборудования не входит в условия проекта контракта.

⑥ Все правильно

⑦ В проекте контракта нет пункта об уплате местных налогов.

2

① Контракт может быть готов к подписанию, когда фирма и заказчик договорились по главным пунктам контракта.

② Все заказчики согласны с условиями контракта.

③ Подписание контракта назначено на завтра на 10 часов утра.

④ Эксперт будет готовить контракт к подписанию.

연습문제

УРОК 01

① Рад вас видеть!
② Скоро увидимся.
③ Вот наша фирма.
④ Это наш директор Ким.
⑤ Он хороший человек и серьёзный партнёр.
⑥ Добро пожаловать в Сеул.
⑦ Спасибо за приглашение.

УРОК 02

① Я бизнесмен из Южной Кореи.
② Это мой партнёр. Познакомьтесь!
③ Виктор учиться в бизнес-школе.
④ Я изучаю экономику и менеджмент.
⑤ Я говорю по-английски и по-французки.
⑥ Антон работает на фондовой бирже.

УРОК 03

① Это Ким из фирмы «Самсунг».
② Мне бы хотелось поговорить с мистером Кимом.
③ Что ему передать?
④ Соедините меня, пожалуйста, с мистером Кимом.
⑤ Я хотел бы встретиться с вами для деловой беседы.
⑥ Вас это устраивает?

УРОК 04

① Белов у телефона.
② У нас трудности с получением виз.
③ Я постараюсь уладить этот вопрос.
④ У меня назначена встреча с ним.
⑤ Здесь произошла какая-то ошибка.
⑥ Какой номер вы набирали?
⑦ Звините за беспокойство.

УРОК 05

① Через две недели мы должны лететь в Москву.
② Нам нужны визы на въезд в Россию.
③ Цель нашей поїздки деловая.
④ Какой срок действия визы?
⑤ Я вам оформлю многократную въездную и выездную визу.
⑥ Возьмите бланки визовых анкет и заполните их.

УРОК 06

① Мистер Пак – коммерческий директор известной корейской фирмы.
② С какой целью вы летаете в Россию?
③ Я хочу установить деловые контакты с российскими внешнеторговыми организациями.
④ Я хочу побывать на международной выставке.
⑤ Продолжительность полёта из Сеула в Москву 10 часов.
⑥ Нам нужно пройти паспортный контроль.
⑦ Вы можете получить свой багаж на первом этаже.

УРОК 07

① Где паспортный контроль?
② Вот наши паспорта и визы.
③ Вам нужно заполнить бланки таможенной декларации.
④ В чемодане есть только вещи личного пользования.
⑤ У вас есть валюта? В каких купюрах?
⑥ Где я могу обменять валюту?
⑦ Я хочу обменять валюту на рубли.
⑧ Какой обменный курс для долларов США?

УРОК 08

① Мы забронировали номера в вашей гостинице.
② Ваши номера находятся на шестом этаже.
③ Сколько стоит этот номер в сутки?
④ Можно платить дорожными чеками?
⑤ Погладьте, пожалуйста, этот костюм и рубашку.
⑥ Мне нужен одноместный люкс.

УРОК 09

① В прошлом году мы взяли кредит в банке.
② Кто является владельцем гостиницы?
③ Разрешите предложить тост за успех вашего дела.
④ Служащие магазина создали своё совместное предприятие.
⑤ Мы вложили в предприятие немало денег.

УРОК 10

① Просим выяснить возможность дополнительной поставки этих машин.
② Сможете ли вы поставить нам эти машины в третьем квартале?
③ Мы получили Ваше письмо от 10 апреля с.г.
④ К сожалению, мы вынуждены сообщить вам, что у нас больше нет этих машин.
⑤ Наши заводы полностью загружены заказами.
⑥ Наши клиенты заинтересованы в поставке этих машин.
⑦ В ожидании вашего ответа остаёмся.

УРОК 11

① Мы можем вам показать основные цеха.
② Сколько рабочих занято на заводе?
③ Наш завод использует высокий уровень автоматизации.
④ Приветствуем вас на нашем заводе.
⑤ Завод произвёл на меня хорошее впечатление.
⑥ У нас много заказов на экспорт.
⑦ Мы работаем в три смены.

УРОК 12

① До начала переговоров сказчики узнают стоимость товара на мировом рынке.
② Заказчик всегда старается снизить цены.
③ Исполнитель заинтересован в том, чтобы заключить выгодную сделку.
④ Эксперты рекомендуют заказчикам лучшую фирму – исполнитель.
⑤ Это оборудование будет удовлетворять требованиям покупателей.
⑥ Продавец и покупатель договорились об окончательной цене и условиях поставки.

УРОК 13

① Нашему банку нужны ваши персональные компьютеры.
② Мы можем получить подробную информацию по этой модели?
③ Чем новая модель отличается от старой?
④ Мы бы хотели обсудить отдельные пункты контракта.
⑤ Мы согласны с вашим предложением.
⑥ Вам нужен переводчик во время переговоров?

УРОК 14

① Ваши цены превышают мировые цены на 3%.
② Мы не можем согласиться с вашей просьбой о снижении цен.
③ Мы можем оплатить 1/3 часть в твёрдой валюте и 2/3 в рублях.
④ Мы хотели бы обсудить условия и сроки поставки.
⑤ Мы планируем начать поставки в январе будущего года.

⑥ Если вы не выполните сроки поставок, то будете платить неустойку.

УРОК 15
① Мы будем транспортировать товары водным путём.
② Мы устраняем дефекты за счет фирмы.
③ Я бы хотел узнать, как будут оплачиваться поставки запасных частей.
④ Включает ли стоимость контракта местные налоги?
⑤ Мы договорились с вами по главным пунктам контракта.
⑥ Мы предлагаем назначить подписание контракта на завтра на 10 часов.

УРОК 16
① Мы заинтересованы в создании цеха по производству моющих средств.
② В настоящее время у нас есть готовое помещение и некоторые виды оборудования.
③ Мы полагаем, что около 30% готовой продукции будет реализовываться в России.
④ Участники создадут в России, в городе Москве совместное предприятие.
⑤ Правление СП будет состоять из 5 членов, включая его председателя.
⑥ Три члена правления назначаются российским участником и два корейским участником.

УРОК 17
① На выставку привезли свои экспонаты разные фирмы.
② За время выставки мы подписали один большой контракт.
③ За 15 секунд наши приборы делают полный анализ металлов.
④ Мы решили принять участие в выставке.
⑤ Мы провели переговоры с германской фирмой о покупке измерительных приборов.
⑥ Нашу продукцию отличают высокое качество и современный дизайн.
⑦ Оптовым покупателям предоставляется скидка до 20%.

УРОК 18
① Скажите, сколько рейсов в Ташкент?
② Вы можете оформить билеты туда и обратно.
③ Когда начнётся регистрация?
④ Сколько нам платить за лишний вес?
⑤ Сколько времени будет продолжаться полёт?
⑥ С какой скоростью летит наш самолёт?

УРОК 19
① Вот этот столик у окна свободен?
② Я предлагаю вам на первое салат, сыр и икру.
③ Я горячо благодарю за гостеприимство и радушный приём.
④ Я выражаю удовлетворение по поводу успешного завершения наших переговорв.
⑤ Я предлагаю тост за мир.
⑥ Я предлагаю тост за дальнейшее укрепление наших дружественных отношений.

УРОК 20
① ГУМ и ЦУМ – большие универсальные магазины.
② В Москве открыли свои магазины всемирно известные фирмы.
③ Будьте добры, помогите мне выбрать подарок.
④ Меня интересуют рубашки и галстуки.
⑤ Вам идёт этот цвет.
⑥ Мне очень понравилась экскурсия по Москве.
⑦ Там сделаете пересадку на другую линию.